HISTÓRIA
DO BRASIL
REPÚBLICA

da queda da Monarquia
ao fim do Estado Novo

COLEÇÃO HISTÓRIA NA UNIVERSIDADE

COORDENAÇÃO
JAIME PINSKY E CARLA BASSANEZI PINSKY

CONSELHO
JOÃO PAULO PIMENTA
MARCOS NAPOLITANO
MARIA LIGIA PRADO
PEDRO PAULO FUNARI

ESTADOS UNIDOS *Vitor Izecksohn*

GRÉCIA E ROMA *Pedro Paulo Funari*

HISTÓRIA ANTIGA *Norberto Luiz Guarinello*

HISTÓRIA CONTEMPORÂNEA *Luís Edmundo Moraes*

HISTÓRIA CONTEMPORÂNEA 2 *Marcos Napolitano*

HISTÓRIA DA ÁFRICA *José Rivair Macedo*

HISTÓRIA DA AMÉRICA LATINA *Maria Ligia Prado* e *Gabriela Pellegrino*

HISTÓRIA DA ÁSIA *Fernando Pureza*

HISTÓRIA DO BRASIL COLÔNIA *Laima Mesgravis*

HISTÓRIA DO BRASIL CONTEMPORÂNEO *Carlos Fico*

HISTÓRIA DO BRASIL IMPÉRIO *Miriam Dolhnikoff*

HISTÓRIA DO BRASIL REPÚBLICA *Marcos Napolitano*

HISTÓRIA IBÉRICA *Ana Nemi*

HISTÓRIA MEDIEVAL *Marcelo Cândido da Silva*

HISTÓRIA MODERNA *Paulo Miceli*

PRÁTICAS DE PESQUISA EM HISTÓRIA *Tania Regina de Luca*

Consulte nosso catálogo completo e últimos lançamentos em **www.editoracontexto.com.br.**

Marcos Napolitano

HISTÓRIA DO BRASIL REPÚBLICA

da queda da Monarquia ao fim do Estado Novo

Coleção

HISTÓRIA
NA UNIVERSIDADE

editoracontexto

Ilustração de capa
Benedito Calixto, *Proclamação da República*, 1893
(óleo sobre tela)

Montagem de capa e diagramação
Gustavo S. Vilas Boas

Coordenação de textos
Carla Bassanezi Pinsky

Preparação de textos
Lilian Aquino

Revisão
Ana Paula Luccisano

Dados Internacionais de Catalogação na Publicação (CIP)
Andreia de Almeida CRB-8/7889

Napolitano, Marcos
História do Brasil república: da queda da Monarquia
ao fim do Estado Novo / Marcos Napolitano. –
1. ed., 8ª reimpressão. – São Paulo : Contexto, 2025.
176 p. : il. (Coleção História na Universidade)

Bibliografia
ISBN 978-85-7244-979-3

1. História do Brasil 2. Brasil – História – Estado Novo
3. República I. Título

16-0926   CDD 981

Índice para catálogo sistemático:
1. História do Brasil

2025

EDITORA CONTEXTO
Diretor editorial: *Jaime Pinsky*

Rua Dr. José Elias, 520 – Alto da Lapa
05083-030 – São Paulo – SP
PABX: (11) 3832 5838
contato@editoracontexto.com.br
www.editoracontexto.com.br

Sumário

Introdução

E m vários países, a República é representada por uma imagem de mulher de expressão séria e porte altivo, vestindo uma túnica branca e um gorro vermelho. Esse gorro, chamado de "barrete frígio", era utilizado na Grécia antiga pelos escravos que tinham sido libertados. A partir da França, essa imagem-símbolo da República se disseminou pelo mundo, graças principalmente ao famoso quadro de Eugène Delacroix, intitulado *A liberdade guiando o povo*, feito em homenagem à luta do povo francês contra uma monarquia tirânica derrubada em 1830. Assim, "república" e "liberdade" são palavras que frequentemente se confundem desde o século XIX, mas nem sempre se encontram na história efetiva dos povos.

No caso do Brasil, encontramos variações dessa imagem-símbolo da República, desde as impressas nos panfletos republicanos do século

XIX até as estampadas nas cédulas atuais de Real. Em muitos momentos de nossa história, ela deve ter se sentido traída pelo que se fez em seu nome: golpes de Estado, ditaduras, negociatas, supressão de liberdades públicas, exclusão da maior parte da população da vida política. Porém, a história da nossa República não é apenas a da traição de ideais e de frustração com promessas de liberdade e felicidade que não se cumpriram. Ela também é a história de uma sociedade em busca de formas (políticas, econômicas, culturais e sociais) para superar os legados de um passado secular marcado pela dependência econômica do exterior, pelo mandonismo dos grandes proprietários de terras e pela escravidão.

Esses legados, produtos das estruturas sociais e políticas criadas no período colonial (1500-1822) e mantidas em grande parte pelo regime monárquico (1822-1889), não foram combatidos pela elite oligárquica republicana que ajudou a derrubar a Monarquia, pois, em grande parte, ela mesma se beneficiava dessas estruturas arcaicas. Contudo, ao longo da história republicana brasileira, desde o seu início, não faltaram lideranças, grupos e partidos, incluindo muitos setores das próprias elites oligárquicas, que pensaram na possibilidade de criar um outro Brasil, em tudo oposto à herança colonial: um país industrializado, moderno e democrático, enfim, que realizasse plenamente o sentido inerente à palavra "república" com um governo de homens comuns voltado para o interesse de todos, liderando em nome do bem universal e fiel às liberdades públicas. Vale lembrar que a realidade histórica é mais complexa do que um jogo de interesses e conflitos binários e simplistas. De fato, a história da República no Brasil envolve múltiplos processos, eventos e personagens que, muitas vezes lutando por um mesmo objetivo – a modernização das estruturas arcaicas legadas pelo passado – encontraram caminhos ideológicos e políticos diferentes para alcançá-lo: mais à esquerda, mais à direita, mais radicais, mais conciliadores, mais democráticos ou mais autoritários, mais inclusivos ou menos inclusivos.

Se a construção do regime republicano nos seus primeiros anos (implantado em 1889 pela força de um golpe militar) foi bastante marcada pela herança deixada pelo regime monárquico, para compreendê-lo, precisamos entender um pouco do que significou a Monarquia para a história brasileira.

O Império do Brasil foi responsável pela construção de um Estado nacional unificado na América portuguesa, ainda que precário e submetido às forças políticas provinciais. Ele não deve ser visto como um regime artificial e "exótico", uma monarquia europeizada perdida na América, em meio às várias repúblicas que caracterizavam o continente. É fato que o Império do Brasil estava ancorado em sólidas tradições europeias e imitava o modelo político europeu dominado no século XIX pelas "monarquias constitucionais". Porém, sua grande obra foi criar uma estrutura política e jurídica que se utilizava do vocabulário liberal da época (recheado de palavras como "liberdade" e "direitos" dos cidadãos), mas que ao mesmo tempo mantinha o sistema escravocrata, que era a negação de todos estes valores. Não por acaso, os escravos não eram considerados "cidadãos", mas "bens que se movem", e estavam fora do alcance das limitadas leis que definiam a cidadania e os direitos civis sob a Monarquia. Em nome desse mesmo liberalismo, os proprietários (de terras e escravos) que constituíam as elites brasileiras de então afirmavam o direito absoluto à propriedade, incluindo-se aí a propriedade sobre outros seres humanos. O Brasil, como nação independente, nasceu sob essa contradição, e, ainda hoje, início do século XXI, não superou completamente seus terríveis efeitos sobre a sociedade em seu conjunto. O Estado dos tempos monárquicos era visto pelas elites brasileiras do século XIX como a garantia de "ordem e civilização" em uma sociedade considerada amorfa, constituída em sua maior parte por homens livres pobres, negros escravizados e índios (vistos como "selvagens"), sem direitos diante do poder de fato dos grandes proprietários de terras. O Império realizou a independência política do Brasil com relação à metrópole portuguesa, mas pouco fez para superar o modelo econômico e social que aqui se implantara nos tempos coloniais.

Esse modelo e a visão de mundo que o sustentava começaram a sofrer abalos a partir da década de 1870 e, sobretudo, na década de 1880. O republicanismo e a República implantada em 1889, em grande parte, seriam frutos da crise da Monarquia e do sistema escravista. As elites econômicas que se tornaram republicanas – como a poderosa oligarquia paulista ligada à exportação de café –, porém, não criticavam a Monarquia porque queriam mudar as hierarquias sociais, democratizar a política ou acabar com a escravidão, mas porque se sentiam pouco representadas pelo imperador e viam no regime monárquico um dinossauro político que já não servia mais aos seus interesses. Ao lado das oligarquias que passaram a apoiar a República contra a Monarquia, havia outro grupo, o dos militares, que experimentava um choque crescente com as instituições monárquicas. Depois da sangrenta Guerra do Paraguai (1864-1870), o Exército brasileiro deu-se conta de sua importância para a defesa nacional e, ao mesmo tempo, de sua fragilidade militar. O Exército era uma instituição historicamente desprezada pela elite monarquista brasileira, que se orgulhava de ter evitado o surgimento do "caudilhismo militar" no Brasil, ao contrário das vizinhas repúblicas sul-americanas vitimadas por guerras civis intermináveis entre facções lideradas por chefes político-militares locais, os "caudilhos". Efetivamente, não havia uma tradição caudilhesca no Exército brasileiro, mas seus oficiais mais jovens sentiam que o Império, com seu sistema de privilégios na atribuição de cargos e patentes e sua defesa da escravidão, era um obstáculo à constituição de uma burocracia armada moderna e eficiente que os beneficiaria.

O republicanismo de determinados oligarcas e militares coincidiu com o crescente questionamento do sistema escravista. A partir de 1870, o Império do Brasil era, praticamente, a última nação escravocrata do mundo. Apesar das pressões externas para extingui-la, a escravidão era administrada pela política imperial de modo a ser superada muito lentamente, evitando rupturas sociais e econômicas. Assim, as tímidas reformas do sistema patrocinadas pela Monarquia não acabaram efetivamente com essa chaga social, cada vez mais condenada econômica e moralmente por todos os principais países do mundo capitalista que serviam de modelo para o Brasil. Do ponto de vista das elites preocupadas com o tema, o Brasil tinha que resolver um difícil problema: acabar com a escravidão sem mudar muito as estruturas e hierarquias sociais. Também se perguntavam sobre o que fazer com os milhões de descendentes de escravos africanos, vistos como um fator de atraso sob o prisma das teorias raciais do final do século XIX. As leis que acabaram progressivamente com a escravidão (ou a mantiveram por mais algum tempo, conforme a perspectiva), como a Lei do Ventre Livre (1871) e a Lei dos Sexagenários (1885), foram atravessadas por esse debate. Mesmo o importante movimento social abolicionista surgido nos anos 1880 não foi capaz de mudar a perspectiva conservadora e excludente da vida política e social do Brasil ao longo do processo que levou ao fim da escravidão. Apesar disso, é inegável que a história da República desde 1889 significou a entrada na cena política e econômica de outros grupos sociais, que pressionavam por mais direitos, maior representação política e mais participação na distribuição das riquezas nacionais.

A história da República brasileira até a metade do século XX, que o leitor verá exposta ao longo deste livro, é o resultado dramático da força inercial das estruturas políticas e econômicas excludentes, herdadas da Colônia e reforçadas entre o final do século XIX e XX sob uma roupagem republicana, e as lutas sociais múltiplas e plurais para superá-las, levando-se em conta todos os matizes entre um polo e outro.

Da República da Espada ao condomínio de fazendeiros: a consolidação da ordem republicana

O GOLPE CONTRA A MONARQUIA

Quando observamos o famoso quadro *Proclamação da República*, pintado por Benedito Calixto em 1893, podemos ter a falsa sensação de que o nascimento do regime republicano no Brasil foi um desfile militar cívico e ordeiro: as linhas retas do quadro, com seus personagens alinhados; o plano geral da cena que organiza a tela e nos transmite uma sensação de ordem pública; a praça ocupada pelos militares em formação, ouvindo e aclamando seus comandantes que, solenemente, erguem os braços. Aliás, é bem provável que o objetivo do quadro fosse esse mesmo, de acordo com as regras ufanistas da pintura histórica do século XIX: cristalizar a imagem de um momento histórico grandioso e de personagens heroicos, pautados pela ordem e pelo civismo, minimizando a ruptura republicana com a velha ordem política da

Monarquia. A representação de um desfile militar tranquilo, que seria uma espécie de certidão de nascimento do novo regime, seria complementada com outra imagem consagrada na nossa memória nacional: a do povo que "assistira a tudo bestializado", nas palavras do jornalista Aristides Lobo, e que estava ausente daquele momento histórico, ao menos na famosa tela e na "história oficial" da "proclamação da República", conforme ensinada pelos livros didáticos por muito tempo. Mas será que o nascimento da República no Brasil foi tão tranquilo assim? Será que o Exército foi o único protagonista do republicanismo que derrubou o Império no Brasil?

Proclamação da República, óleo sobre tela de Benedito Calixto, 1893
(acervo Pinacoteca do Estado de São Paulo).

Muitos historiadores ainda se perguntam: o golpe militar liderado pelo marechal Deodoro da Fonseca queria mesmo derrubar o regime monárquico ou apenas o ministério liderado pelo visconde de Ouro Preto, o último gabinete da Monarquia? Deodoro não era um conspirador republicano, ao contrário da jovem oficialidade que abraçava os ideais do positivismo e do republicanismo. Mas, para manter sua liderança no Exército, sabia que não poderia reprimir seus subordinados, amplamente abolicionistas e republicanos. Apesar de envolvido nos conflitos que opuseram o Exército e a Monarquia a partir da chamada "Questão Militar" (1884-1887) – quando o governo imperial acabou punindo oficiais abolicionistas –, Deodoro ainda afirmava, em carta a seu sobrinho datada de setembro de 1889, que o "único sustentáculo do Brasil era a Monarquia". Entretanto, o velho marechal tinha seus desafetos entre os que apoiavam D. Pedro II, como, por exemplo, Gaspar Silveira Martins, inimigo político e pessoal de Deodoro no Rio Grande do Sul, a agitada província na qual o marechal tinha feito carreira militar e política. No Campo da Aclamação (atual Praça da República), dizia-se que Deodoro derrubou o ministério Ouro Preto, mas não a Monarquia, que de fato foi derrubada somente à tarde, com o marechal aderindo à causa republicana, depois de ser informado que Gaspar Silveira Martins, seu antigo desafeto político, seria o novo "primeiro-ministro".

Outro ex-monarquista, José do Patrocínio, lavrou a "Ata de Proclamação" do novo regime, inaugurando-o por decreto:

> Concidadão: o povo, o Exército e a Armada nacional, em perfeita comunhão de sentimentos com nossos concidadãos residentes nas províncias, acabam de decretar a deposição da dinastia imperial, e consequentemente, a extinção do sistema monárquico-representativo. (*Gazeta de Notícias*, 16/11/1889)

Obviamente, a implantação da República no Brasil não aconteceu só por causa de decretos, ações motivadas por desafetos ou iniciativas individuais de algumas lideranças civis e militares. A Monarquia estava em crise havia muito tempo, desprestigiada entre as elites civis e militares mais importantes, apesar de, paradoxalmente, contar com certo apoio popular.

O visconde de Ouro Preto, membro do Partido Liberal, foi empossado como primeiro-ministro em junho de 1889 com a promessa de arejar e modernizar, politicamente falando, a Monarquia brasileira que, depois da abolição da escravidão (13 de maio de 1888), parecia ter perdido sua identidade e sua razão de ser. Seu projeto de reforma política tentava incorporar algumas bandeiras do movimento republicano, lançado pelo *Manifesto de 1870*, como a maior autonomia administrativa para as províncias (os futuros estados), o fim dos senadores vitalícios e a diminuição dos poderes para o Conselho de Estado, restrito e seleto órgão que era o pilar das decisões políticas estratégicas da Monarquia, sendo frequentemente mais importante que o próprio Parlamento eleito. Mas o Partido Conservador, o outro partido importante do Império, não queria mais mudanças no regime e bloqueava essas medidas no Parlamento.

Desde a década de 1870, a ideia de que o melhor regime para o Brasil seria uma república crescia entre as oligarquias das províncias mais ricas (como São Paulo, Rio Grande do Sul e Minas Gerais), bem como entre os militares, por motivos diferentes dos oligarcas. Para as primeiras, a Monarquia dificultava o acesso às decisões políticas do governo central, dominado pelos partidos monarquistas tradicionais – Liberal e Conservador – e por instituições fechadas, como o Senado Vitalício e o Conselho de Estado. Além disso, havia o poder pessoal do imperador, institucionalizado no Poder Moderador, capaz de dissolver o Parlamento e o Ministério. Mesmo tendo importância econômica, enriquecida pela exportação do café e pela exploração da economia pecuária, os membros das oligarquias paulista, mineira e gaúcha se sentiam sub-representados na vida política brasileira. E se a grande função da Monarquia era ser o pilar da manutenção do regime escravista, extinto esse sistema em 1888, para que mantê-la? Por que não dirigir o país sem a mediação de uma elite política (conselheiros e senadores que pareciam mais antiquados que o próprio imperador) parada no tempo?

Para os militares do Exército, o problema da Monarquia era outro. Mesmo valorizado simbolicamente pela nação brasileira como vencedores da Guerra do Paraguai, o Exército se sentia desprestigiado como corporação pelo governo. Os militares também criticavam a escravidão; muitos oficiais se manifestavam publicamente pela abolição, o que era proibido, e se recusavam a servir de caçadores de escravos fugidos. O princípio de recrutamento entre cidadãos livres, base dos exércitos nacionais criados ao longo do século XIX, e o princípio de promoção na carreira militar em função da formação técnica e do mérito pessoal entravam em choque com o mundo da Monarquia brasileira, onde imperavam a escravidão e o clientelismo no qual, para subir na carreira militar, manter boas relações com a nobreza era mais importante do que o valor e o mérito individuais.

Foram estes grupos, ao lado de líderes republicanos populares, como Silva Jardim e Lopes Trovão, que ajudaram a desgastar politicamente a imagem da Monarquia junto à sociedade. Quando foi derrubada pelo golpe liderado por Deodoro da Fonseca, a Monarquia já era um regime que tinha perdido apoios fundamentais entre as elites civis e militares. Já não havia ninguém para defendê-la de maneira vigorosa, a não ser alguns poucos senhores de escravos extremamente conservadores, principalmente da outrora importante região do vale do Paraíba (SP/RJ). A resignação do velho imperador ao rumar para o exílio dourado em Paris, sem esboçar grande reação ao golpe de Estado, é o melhor retrato da deterioração do antigo regime. Até Pedro II parecia estar cansado da Monarquia.

AS CORRENTES REPUBLICANAS

Os republicanos, embora concordassem entre si que a Monarquia não deveria mais reger a nação brasileira, não formavam um bloco político e ideológico único e coeso. Havia várias correntes republicanas que expressavam visões diferentes de como deveria se organizar a República no Brasil. Os dilemas eram vários e, quando chegou a hora de construir o novo regime e suas bases constitucionais, eles se revelaram com nitidez, dividindo ainda mais os republicanos.

O governo deveria ser descentralizado ou centralizado? As classes populares deveriam ser incorporadas plenamente na vida política da nação, na forma de direito universal ao voto? A mudança de regime deveria ser acompanhada por mudanças na ordem social e econômica? Como incorporar na sociedade os ex-escravos, agora cidadãos livres, teoricamente com os mesmos direitos dos seus antigos donos, mas ainda explorados economicamente e, ainda por cima, alvo de preconceitos raciais?

As respostas a essas perguntas variavam dependendo das correntes republicanas. Mas depois da implantação do regime em 1889, com o crescente isolamento político dos republicanos mais radicais, as propostas políticas se tornaram cada vez mais pautadas por valores conservadores e oligárquicos.

ABOLIÇÃO E IMIGRAÇÃO

A libertação dos últimos escravos pela Lei Áurea (assinada pela princesa Isabel em maio de 1888) e a vinda em massa de trabalhadores estrangeiros para substituir a mão de obra escrava nas grandes plantações são processos indissociáveis.

Quando finalmente veio a Abolição, já havia poucos escravos relativamente à população em sua totalidade. Calcula-se que entre os 13 milhões de brasileiros, havia cerca de 700 mil escravos (cerca de 5% da população). Desde 1872, quando a população relativa de escravos era de 15%, as alforrias e compras de liberdades tinham diminuído a importância da população escrava como componente demográfico da sociedade, e o escravo já não era a mão de obra primordial em muitas regiões do Brasil, como nas províncias do Norte. Mas alguns setores fundamentais da economia, como a lavoura paulista, ainda mantinham uma demanda alta por escravos, ao menos até 1886. Isso explica o antiabolicionismo das elites cafeicultoras. Além disso, a resistência de muitos contra o fim de um sistema secular, a escravidão, pode ser explicada pelo fato de que a Abolição alteraria a identidade cultural e social da população de afrodescendentes e exigiria a reorganização da própria definição da cidadania. No limite, a Abolição abriria uma porta para questionar, ao menos simbolicamente, as hierarquias sociais e raciais construídas ao longo dos séculos, desagradando os que até o momento estavam no topo. A perspectiva de haver uma população negra e livre reivindicando novos direitos sociais e políticos alarmou uma parte das elites que sonhava com um país branco e "civilizado" em moldes eurocentristas. Assim, em grande parte, o preconceito contra o negro alimentou as políticas imigrantistas em larga escala, patrocinadas pelos novos governos da República. Nesta perspectiva, o imigrante deveria não apenas substituir a mão de obra escrava, mas também o próprio negro como componente racial da sociedade brasileira. Imigrantismo e ideologia do branqueamento andavam de mãos dadas. Por isso, a preferência por imigrantes brancos europeus latinos e católicos (espanhóis e italianos), embora não se dispensasse a vinda de alemães.

Quando finalmente a escravidão acabou, a maneira como os ex-escravos se inseriram na nova ordem social não foi definida apenas pelas elites brancas, embora a vontade destas tivesse mais peso. Houve complexas negociações, ainda que assimétricas, entre os libertados e seus ex-senhores, e o destino econômico e social dos ex-escravos variou conforme a região do país. Em São Paulo, houve uma progressiva marginalização econômica do braço negro, relegado a trabalhos pontuais e desqualificados, substituído em massa pela mão de obra imigrante. No Rio de Janeiro, uma parte dos afrodescendentes se transformou em trabalhadores braçais no Porto e nas fábricas, além de fornecer mão de obra para o trabalho doméstico, mantendo a tradição desde os tempos do Império.

Entre 1881 e 1930, entraram quase 4 milhões de imigrantes no Brasil, com os portugueses, italianos e espanhóis totalizando 79% desse montante (ver tabela a seguir). Quase todos os imigrantes se instalaram no Sul e Sudeste, modificando o perfil étnico destas partes do Brasil.

Imigração líquida: Brasil, 1881-1930 (em milhares)

	Chegadas	Portugueses	Italianos	Espanhóis	Alemães	Japoneses
1881-1885	133,4	32	47	8	8	–
1886-1890	391,6	19	59	8	3	–
1891-1895	659,7	20	57	14	1	–
1896-1900	470,3	15	64	13	1	–
1901-1905	279,7	26	48	16	1	–
1906-1910	391,6	37	21	22	4	1
1911-1915	611,4	40	17	21	3	2
1916-1920	186,4	42	15	22	3	7
1921-1925	386,6	32	16	12	13	5
1926-1930	453,6	36	9	7	6	13
	3.964,3	29	36	14	5	3

Quadro disponível em: <https://cpdoc.fgv.br/producao/dossies/AEraVargas1/anos20/CafeEIndustria/Imigracao>.

Fonte: BETHEL, L. (org.). *História da América Latina: volume IV (1870-1930)*. São Paulo/Edusp; Brasília: Fundação Alexandre de Gusmão, 2001, p. 185.

A imigração era patrocinada pelos recursos públicos, e os trabalhadores recém-chegados eram alocados em grandes hospedarias de onde saíam para as fazendas de café. As péssimas condições de trabalho a que muitos eram submetidos nessas fazendas foi a causa de diversas greves e revoltas, como as ocorridas na região de Ribeirão Preto em 1912 e 1913. No estado de São Paulo, era comum os imigrantes fugirem das propriedades rurais, instalando-se nas cidades, sobretudo a cidade de São Paulo, que viu sua população crescer de maneira impressionante entre 1890 e 1920. Com os imigrantes, veio uma nova cultura política, marcada pelo anarquismo e pelo sindicalismo revolucionário, muito fortes na Espanha e na Itália da época.

Enfim, a combinação entre abolição e imigração acabou por redesenhar o perfil social e racial da população brasileira, bem como instaurar novas e complexas relações entre as elites e os diversos grupos étnicos e sociais que compunham as classes trabalhadoras.

Podemos identificar três grandes correntes republicanas no Brasil, atuantes desde antes do golpe de Estado que derrubou a Monarquia.

Havia uma corrente liberal, cuja base social era formada pelas oligarquias organizadas em torno dos partidos republicanos regionais, como o

Partido Republicano Paulista (fundado em 1873) e o Partido Republicano Mineiro (fundado em 1888), entre outros. Seu projeto político, em linhas gerais, defendia uma república liberal, de natureza federalista, baseada em leis que consagravam a liberdade individual, mas com restrições à extensão da cidadania eleitoral e política. Isto significava, por exemplo, reiterar e aprofundar uma série de restrições constitucionais à participação eleitoral da população mais pobre, embora idealmente afirmassem que "todos são iguais perante a lei". A base do seu poder político era a propriedade rural e a economia agroexportadora, sobretudo a do café, o mais importante produto da economia brasileira na época.

Outra corrente relevante era a positivista, grupo particularmente forte entre os militares do Exército, mas com alguns núcleos entre a classe média e as elites civis de alguns estados, como o Rio Grande do Sul. Seu projeto, ao contrário dos liberais, era construir um governo centralizado e tutelar que estimulasse a modernização econômica, a alfabetização das classes populares e determinadas reformas sociais. O Estado deveria ser o promotor do nacionalismo e do patriotismo, servindo como uma espécie de mediador dos conflitos entre as classes sociais, alternando proteção social aos trabalhadores com repressão aos subversivos. Em que pese sua certa sensibilidade para os problemas sociais existentes, os positivistas tinham uma visão autoritária de política, inclusive alguns deles esperavam construir uma "ditadura republicana", cujas ações deveriam ser idealmente inspiradas pelo conhecimento científico e técnico. Mesmo em estados da federação onde os liberais eram dominantes, como São Paulo, havia muitos políticos inspirados pelo positivismo ocupando cargos importantes e dirigindo, principalmente, as políticas públicas de saúde e educação.

A terceira corrente era a dos radicais republicanos, também conhecidos como "jacobinos" em alusão à corrente protagonista da fase mais radical da Revolução Francesa. Sua base social eram os setores médios das grandes cidades, pequenos funcionários públicos e trabalhadores qualificados, sobretudo do Rio de Janeiro, capital da República e epicentro das agitações sociais urbanas no final do século XIX. Defendiam reformas sociais que distribuíssem a renda e incluíssem as massas na vida política nacional. Os jacobinos mesclavam elementos de um republicanismo radical com a defesa de direitos sociais garantidos por um Estado forte e centralizado.

Nesse ponto, se aproximavam dos positivistas contra o federalismo dos oligarcas rurais liberais. Essa corrente foi particularmente forte nos dez primeiros anos da República, mas acabou perdendo importância como grupo político independente com o fim do governo Floriano Peixoto.

CONFLITOS POLÍTICOS E SOCIAIS
NO COMEÇO DA REPÚBLICA

Podemos dividir a Primeira República em três grandes períodos: 1) consolidação da ordem republicana (1889-1899); 2) institucionalização da política liberal-oligárquica (1899-1922); 3) crise da hegemonia liberal-oligárquica (1922-1930). Vejamos cada período de maneira mais detalhada.

Nos agitados anos iniciais da República, as três principais correntes republicanas experimentaram alianças e dissidências entre si. Ora positivistas e jacobinos se uniram nas críticas às oligarquias liberais, que eram contrárias a reformas sociais mais profundas que distribuíssem riquezas e fortalecessem a indústria; ora positivistas e liberais se aproximaram para controlar o ímpeto daqueles que defendiam uma participação popular mais ampla na vida política. Exemplo desses jogos complexos de alianças e afastamentos foi Floriano Peixoto, militar que exerceu a presidência entre 1891 e 1894, um dos políticos de maior prestígio entre positivistas e jacobinos, mas que acabou se aproximando dos liberais paulistas ao longo do seu governo, abrindo caminho na sua sucessão para um longo período de hegemonia conservadora deste grupo no governo da República.

Esse jogo de alianças e dissidências não se limitava às grandes correntes republicanas que tinham projetos políticos diferenciados entre si. O quadro político do início da República era bem complexo, mesmo dentro da linhagem política liberal-oligárquica.

As oligarquias regionais, embora compartilhassem os valores liberais, competiam umas com as outras, seja pelo poder regional, seja pela condução da política nacional. Os estados mais ricos, como Minas Gerais e São Paulo, que acabariam se impondo no domínio do governo federal, buscavam alianças táticas com as elites de outros estados importantes, como Bahia, Rio Grande do Sul, Paraíba e Pernambuco.

Dentro dos estados, as oligarquias também tinham divisões profundas, que se expressavam em alianças de interesses para manter em suas mãos o governo estadual. Essas divisões não tinham relação com questões ideológicas ou partidárias mais significativas, sendo expressão, no máximo, de um estilo diferente de administrar a vida pública.

Nos municípios, as disputas pelo poder passavam pelos interesses de famílias e clãs de grandes proprietários rurais, chamados de "coronéis", que dominavam a vida local da maior parte do Brasil rural e eram a pedra fundamental no jogo de alianças dos arranjos oligárquicos estaduais.

Não raro, ao longo da Primeira República, as disputas políticas dentro das oligarquias se resolviam à bala. Essa violência ia desde o assassinato de desafetos políticos locais até verdadeiras "guerras civis" que chegavam a exigir a intervenção do governo federal, com centenas ou milhares de mortos. A Revolução Federalista no Rio Grande do Sul (1893-1895) ou a Revolta de Juazeiro (1914) no Ceará são exemplos dessas disputas.

Além das disputas entre as oligarquias, o Exército brasileiro, majoritariamente positivista e republicano, e a Marinha, foco de monarquistas, também foram à guerra, não contra um inimigo externo, mas entre si. A Revolta da Armada (1893-1894) foi o momento mais grave dessa tensão política entre as duas Armas nacionais que teoricamente deveriam estar unidas na defesa da nação. Além de abrigar monarquistas, a Marinha de Guerra se via desprestigiada na política, pelo excessivo protagonismo do Exército.

As confusões no andar de cima da sociedade brasileira não eram as únicas a agitar os anos iniciais da República. Os "de baixo" também não estavam passivos, e ao seu modo, sem ainda contarem com organizações sindicais ou políticas consistentes, as classes populares urbanas e rurais não ficaram "ausentes" da história no começo da República brasileira como muitas vezes afirmou a historiografia mais tradicional. Foram protagonistas de eventos políticos importantes, como a dramática Guerra de Canudos (1893-1897), que, de um conflito local entre camponeses miseráveis e o governo baiano, assumiu uma importância nacional, com o envolvimento do Exército brasileiro na repressão ao arraial, pela suposta ameaça à nova ordem republicana. Os rebeldes de Canudos, com efeito, criticavam o regime republicano, tido como "o mal na terra". Entretanto, mais do que uma reação monarquista ou mera manifestação do fanatismo religioso arcaico do meio rural brasileiro, como a imprensa republicana e positivista representou o evento à época, a Guerra de Canudos foi o resultado de tensões sociais e políticas causadas pela extrema miséria e exploração do homem do campo como mão de obra barata e massa agregada aos "coronéis" locais. Esse tipo de conflito social, que misturava valores religiosos populares e revolta política, também ocorreu no sul do Brasil, na Guerra do Contestado (1912-1916).

Em ambos os conflitos, camponeses miseráveis armados se enclausuraram em comunidades religiosas "messiânicas" (lideradas por um líder religioso) e combateram forças militares que tinham apoio dos grandes fazendeiros assustados com as possíveis consequências das rebeliões. Ambos foram verdadeiras guerras civis, com um saldo trágico de milhares de mortos, sobretudo, entre os camponeses. Pela linguagem da religião popular, os camponeses apontavam as injustiças e as misérias da sociedade rural, projetando um mundo ideal de felicidade e fartura que surgiria depois do "fim dos tempos", depois que o "sertão virasse mar, e o mar virasse sertão", conforme a profecia de Antônio Conselheiro, líder religioso de Canudos.

Apesar do discurso da História oficial brasileira, segundo o qual o começo de nossa República foi um pacato desfile militar seguido por uma vida política monótona e fechada à qual o povo assistia "bestializado", o quadro revelado pela historiografia mais atual é bem outro, diferente da famosa obra de Benedito Calixto. Definitivamente, não se morria de tédio na jovem República brasileira.

CONSOLIDAÇÃO DA ORDEM REPUBLICANA

Uma vez derrubada a Monarquia, era preciso varrer instituições herdadas do Império. Para tal, era necessário elaborar uma nova Constituição, que substituísse a velha Constituição de 1824, feita para ordenar o regime monarquista em bases liberais dentro de uma ordem escravocrata.

Os embates entre positivistas e liberais, entre aqueles que defendiam um governo com mais autonomia para os estados que compunham o Brasil ("centralistas" e "federalistas"), já se faziam notar no seio do próprio Ministério republicano do Governo Provisório. Campos Sales, ligado aos cafeicultores paulistas, era um federalista convicto, defendendo maior poder administrativo e político para os estados. Rui Barbosa, ministro da Fazenda, liberal convertido à causa republicana, também tinha simpatia pelo federalismo. Benjamin Constant, ministro da Guerra, era o líder dos positivistas, que defendiam um governo central forte e interventor na sociedade. Aristides Lobo, ministro do Interior, estava mais próximo dos que sonhavam com uma República popular e democrática.

No campo econômico, o Governo Provisório republicano, através do seu ministro da Fazenda, Rui Barbosa, tentou estimular o capitalismo brasileiro "por decreto". Diagnosticando que havia pouca circulação de dinheiro no país para movimentar o mercado interno, dadas as características da economia escravista que existiu até 1888, o governo permitiu que os bancos emitissem papel-moeda sem fundos de reserva, apoiando-se em bônus governamentais que deveriam garantir o valor das emissões bancárias. Além disso, inspirado no vigoroso capitalismo britânico e norte-americano, o governo incentivou a criação de sociedades anônimas, ampliando o crédito. Muitas empresas foram criadas artificialmente e lançaram ações para serem vendidas na bolsa de valores, mas careciam de gerenciamento e produtividade. Algumas até eram "empresas fantasmas", que nada produziam. Apesar disso, houve uma euforia inicial na compra de ações, comparável ao frenesi dos apostadores de cavalo na hora de encilhar o animal antes da largada das corridas de jóquei-clube. Daí o nome popular que essa política ganhou: "encilhamento". O resultado efetivo foi desastroso. Muitas empresas faliram em pouco tempo, levando consigo as economias de muitos investidores. A emissão de papel-moeda sem lastro produtivo real fez com que a inflação saísse do controle. As finanças públicas também se deterioraram com os compromissos assumidos pelo Estado na garantia de bônus e na ampliação do crédito. A inércia do mercado interno, com poucas camadas sociais com renda para o consumo, uma das heranças do sistema escravista, era mais forte do que supunha o douto ministro Rui Barbosa e sua vontade de transformar o Brasil em uma grande e moderna economia capitalista.

* * *

A vida política tampouco era tranquila. Em junho de 1890, foram convocadas as eleições para a Assembleia Constituinte, que, em poucos meses, elaborou uma nova Constituição, não sem debates e divisões internas. O sistema de governo foi definido como "presidencialista", sendo o presidente da República chefe do Poder Executivo. O Poder Legislativo era constituído pela Câmara e pelo Senado, cujos membros não eram mais vitalícios, mas eleitos e com mandato temporário (ao contrário dos tempos do Império). A primeira Constituição republicana do Brasil aboliu as "instituições monárquicas" (Senado Vitalício, Poder Moderador e Conselho de Estado) criticadas por todas as correntes republicanas. Além disso, as *províncias* foram transformadas em *estados*, com maiores poderes administrativos, comparando-se ao período do regime deposto. Exemplo dessa autonomia estava na gestão tributária. Os governos estaduais sob o regime republicano ficavam com as rendas geradas pela exportação, enquanto a União ficava com as rendas geradas pela importação de produtos. As primeiras eram mais polpudas que as segundas, pois o Brasil era uma economia agroexportadora. Esse arranjo fiscal favorecia os estados agroexportadores, como São Paulo, cuja riqueza crescia dia a dia com o aumento do consumo do café brasileiro no exterior.

A Constituição republicana trouxe novidades no sistema eleitoral, embora tenha mantido a tendência a diminuir o corpo de votantes já esboçada no final do Império. Definiu-se que o voto iria ser direto, mas continuaria "a descoberto", ou seja, não era secreto. Analfabetos, mendigos, soldados, mulheres e religiosos (sujeitos ao voto de obediência religiosa) não podiam votar, nem ser votados. A proibição do voto dos analfabetos no Brasil duraria quase cem anos, excluindo a maior parte da população trabalhadora e pobre da cidadania política, a título de "garantir a qualidade das eleições". Os números demonstram essa exclusão. Ao longo de todas as eleições da Primeira República, apenas entre 2% e 5% da população pôde exercer o direito de voto.

Outra medida importante implantada pela nova Constituição foi a separação entre Igreja Católica e Estado, com o catolicismo deixando de ser a religião oficial do país. Isso, entretanto, não significou que a Igreja Católica deixou de ter influência, política e moral, na sociedade brasileira.

Ao final dos trabalhos constitucionais, a Assembleia se autotransformou em Congresso Nacional, dividido entre Câmara e Senado. Deodoro da Fonseca, eleito "presidente constitucional" pelo Congresso em fevereiro de 1891, não chegaria ao final do mandato. Os conflitos com seu próprio Ministério, suas ligações com os monarquistas e a grave crise econômica, acompanhada de inflação, minaram sua precária liderança entre as elites republicanas e sua popularidade entre as classes populares. O ápice do conflito entre Deodoro e o Congresso deu-se no começo de novembro de 1891, quando este tentou aprovar a "Lei das Responsabilidades", diminuindo o poder do presidente da República. O velho marechal bem que tentou se manter no governo, mandando fechar o Congresso que lhe opunha, mas o próprio Exército não garantia mais apoio ao líder do golpe de 1889. Cada vez mais, as principais lideranças militares apoiavam seu vice-presidente, o marechal Floriano Peixoto, apelidado depois de "Marechal de Ferro" pela sua mão firme na condução das crises políticas que se seguiram. Isolado, Deodoro renunciou em 23 de novembro de 1891, passando o cargo presidencial para o seu vice.

Sobre o "Marechal de Ferro" recaíram as expectativas de positivistas e jacobinos. A sombra do velho regime monárquico, com poucos adeptos na verdade, aliada às tensões sociais e políticas que se seguiram ao golpe republicano, parecia colocar em risco a jovem República brasileira. Floriano enfrentou com vigor as revoltas que ameaçavam a estabilidade do regime, como a Revolta Federalista no Sul e a Revolta da Armada que abalou a própria capital da República, mas esteve longe de realizar o ideal positivista de uma ditadura republicana antioligárquica e modernizadora, frustrando aqueles que tinham essa expectativa. Por trás do seu poder estava o apoio político da oligarquia paulista, ciente de que a sobrevivência do novo regime era a garantia do seu poder na política nacional.

No final do seu governo, Floriano passou o poder sem maiores sustos para Prudente de Morais, líder republicano paulista e expressão dos valores liberais-oligárquicos, que disputara a eleição indireta de 1891 com Deodoro da Fonseca. A "República da Espada" se transformava no "Condomínio de Fazendeiros".

O escritor Lima Barreto, no clássico *Triste fim de Policarpo Quaresma*, retratou a decepção de muitos republicanos convictos com o novo presidente. Quando o personagem central do romance finalmente encontra seu ídolo político, ele não fazia jus à fama, não tinha a firmeza de um "marechal de ferro":

> Quaresma pôde então ver melhor a fisionomia do homem que ia feixar em suas mãos, durante quase um ano, tão fortes poderes, poderes de Imperador Romano [...]. Era vulgar e desoladora. O bigode caído; o lábio inferior pendente e mole a que se agarrava uma grande "mosca"; os traços flácidos e grosseiros; não havia nem o desenho do queixo ou olhar que fosse próprio, que revelasse algum dote superior. Era um olhar mortiço, redondo, pobre de expressões, a não ser de tristeza que não lhe era individual, mas nativa, de raça; e todo ele era gelatinoso – parecia não ter nervos. Não quis o major [Quaresma] ver em tais sinais nada que lhe denotasse o caráter, a inteligência e o temperamento. [...] O seu entusiasmo por aquele ídolo político era forte, sincero e desinteressado. Tinha-o na conta de enérgico, de fino e supervidente, tenaz e conhecedor das necessidades do país [...]. Entretanto, não era assim. Com uma ausência total de qualidades intelectuais, havia no caráter do Marechal Floriano uma qualidade predominante: tibieza de ânimo; e no seu temperamento, muita preguiça. [...]. Pelos lugares que passou, tornou-se notável pela indolência e desamor às obrigações dos seus cargos.

A falta de energia, sagacidade e projeto político de Floriano se evidenciou na facilidade com que os oligarcas paulistas o substituíram no cargo de presidente da República, elegendo Prudente de Morais para o posto. Mas tal como o major Policarpo Quaresma do romance, muitos ainda queriam ver no florianismo algum resquício de idealismo republicano e positivista. O governo de Prudente de Morais (1894-1898) enfrentou uma conspiração "jacobina" apoiada pelo próprio vice, Manoel Vitorino, e alguns setores militares. Em 1897, Morais sofreu um atentado cometido por um soldado, mas escapou ileso. A partir de então, governou o Brasil sob estado de sítio e consolidou o poder das elites civis, intervindo na Escola Militar e fechando o Clube Militar até 1901, instituições que eram as bases dos positivistas e "florianistas" que ainda apostavam na volta triunfal do "Marechal de Ferro".

Para superar a crise econômica, Prudente de Morais começou a negociar um vultoso empréstimo com bancos ingleses, que se consolidaria no governo seguinte, exercido pelo também paulista Campos Sales (1898-1902).

Na presidência da República, Campos Sales usaria uma fórmula política simples, mas eficaz ao seu modo, para pacificar as disputas de poder entre as oligarquias estaduais e garantir sustentação ao governo federal. Conhecida na historiografia como Política dos Governadores, essa prática implicava o apoio automático do governo federal aos grupos que estivessem no governo dos estados, não importando de qual facção fossem, desde que os governadores por sua vez garantissem seu apoio no Congresso Nacional para as iniciativas do governo federal. Campos Sales, coerente com seus princípios liberais de defesa de um governo civil com base no apoio nas elites oligárquicas ancoradas na economia essencialmente agrária, tinha claro que não podia confiar no apoio dos "quartéis" ou das "ruas" para se manter no poder. Nos quartéis, muitos oficiais antioligárquicos, nacionalistas e positivistas, criticavam o estilo e os valores políticos oligárquicos. Nas ruas, principalmente da capital federal, uma massa de trabalhadores excluídos da cidadania política e das riquezas sociais não se sentia representada, com razão, pela nova elite republicana. Diante disso, Campos Sales defendia que o Brasil deveria ser "governado a partir dos estados", ou seja, a partir dos partidos republicanos regionais representantes das elites agrárias, que deveriam celebrar um pacto entre si para garantir a governabilidade do presidente da República, ele mesmo um representante dessas oligarquias.

Essa "regra" de apoio mútuo entre as oligarquias pacificou, em grande parte, as graves tensões políticas do início do regime, mas, ao mesmo tempo, institucionalizou a fraude eleitoral. Era pressuposto que o grupo que estivesse no poder deveria mantê-lo a qualquer preço, o que não era difícil numa época de voto descoberto e mandonismo sem maiores sutilezas dos coronéis locais. Os mecanismos de fraude eleitoral eram muitos: instituição do "voto de cabresto", pelo qual os eleitores eram coagidos a votar em determinado candidato, sob a vista dos coronéis e seus jagunços armados; utilização de nomes de cidadãos mortos para fraudar os votos; adulteração das "atas eleitorais", que consolidavam legalmente o resultado das urnas nos municípios. Muitas dessas fraudes vinham dos tempos da Monarquia deposta, mas foram consagradas como base do sistema eleitoral republicano.

O resultado desse sistema político era que os vários grupos políticos oligárquicos em disputa se utilizavam da fraude eleitoral generalizada para chegar ou manter o poder nos estados e municípios, criando um clima de tensão política constante, que não raro terminava em escaramuças violentas entre as facções oligárquicas. Em muitas unidades da federação acabava acontecendo um certo rodízio de lideranças oligárquicas, exigindo novas acomodações com o poder federal. Mas, via de regra, os estados da Federação acabaram virando "feudos eleitorais" de determinados grupos políticos originários das oligarquias.

Se, apesar de todas as fraudes, algum político mais independente ou radical (que fugisse ao pacto entre governo federal e governo estadual) fosse eleito para o Congresso, havia o recurso final da "degola política": como não havia justiça eleitoral independente para organizar as eleições, a confirmação do resultado das urnas era feita pelo próprio Congresso Nacional, através da "Comissão de Verificação de Poderes", obviamente, controlada pelo governo federal. Assim, mesmo eleito, o político que não fizesse parte do jogo do poder poderia não ser "confirmado" e, portanto, não tomar posse do cargo legislativo.

Além de estabelecer uma fórmula política que, apesar dos sobressaltos, vigorou até o fim da Primeira República, o governo Campos Sales equacionou momentaneamente a crise provocada pela inflação e pela dívida externa através de aumento de taxas de câmbio e de empréstimos tomados aos ingleses para pagar os juros da dívida anterior (para os próprios bancos ingleses, diga-se), um expediente conhecido como *funding loan*. Em troca, o governo cedeu aos bancos ingleses, como garantia, as rendas alfandegárias do porto do Rio de Janeiro. Os nacionalistas se agitaram, mas as oligarquias mandavam na vida política e ignoraram os protestos.

A consolidação da República não se deu apenas no plano interno. Nos seus primeiros anos, houve vários problemas de fronteira do Brasil com Argentina, Colômbia e Bolívia; ameaças de anexação de parte do território nacional por parte de franceses no Oiapoque; e problemas com os ingleses que cobiçavam a ilha de Trindade. Foi um barão, filho de uma linhagem importante na monarquia, que se destacou como artífice da política externa republicana: José Maria Paranhos Junior, o barão do Rio Branco. Ele liderou as negociações para firmar boa parte dos acordos que resolveram esses problemas externos. Como ministro das Relações Exteriores desde 1902, e como membro negociador das missões brasileiras antes disso, o barão do Rio Branco tornou-se um dos políticos mais populares da República. Sua morte, em 1912, fez adiar o Carnaval carioca, dada a comoção popular que se seguiu.

HOUVE UMA POLÍTICA DO CAFÉ COM LEITE?

Na perspectiva da historiografia mais tradicional, a História do período situado entre os governos de Rodrigues Alves (1902-1906) e Washington Luís (1926-1930) é apresentada como uma sucessão monótona de fazendeiros oriundos, em sua maioria, das oligarquias paulista e mineira. Essa dinâmica política foi sintetizada na expressão "Política do Café com Leite", suposta regra de ouro do jogo político brasileiro que fazia as outras oligarquias regionais menos poderosas gravitarem em torno do eixo São Paulo-Minas Gerais, estados que representavam, respectivamente, o "café" e o "leite" da famosa fórmula política e se revezavam no poder. Essa política de rodízio no poder teria sido fixada em 1913, no Pacto de Ouro Fino, no qual os representantes dos Partidos Republicanos de São Paulo e Minas Gerais se uniram para fazer frente ao poder crescente do Rio Grande do Sul junto ao governo federal, na época capitaneado pelo marechal Hermes da Fonseca e pelo senador Pinheiro Machado, do Rio Grande do Sul. Contudo, as dificuldades em manter o acordo entre as duas maiores oligarquias para se alternarem no poder federal, dada a proposta do presidente Washington Luís em fazer um paulista como sucessor, teriam marcado o fim da Primeira República, em 1930.

Ainda é consenso entre os historiadores que a Primeira República era apoiada em instituições muito conservadoras e limitada por uma dinâmica política que gravitava em torno das oligarquias inspiradas por um liberalismo conservador e antipopular. Mas as versões historiográficas que explicavam a Primeira República, conforme descrito no parágrafo anterior, bem como os detalhes, as tensões e as contradições dessa dinâmica vêm sofrendo revisões importantes. Por exemplo, historiadores vêm demonstrando que o próprio jogo político das elites oligárquicas e suas formas de organização e ocupação do Estado, seja no plano regional ou federal, não era tão simples, e não se resumia à "Política do Café com Leite".

Na historiografia mais recente, o "acordo perfeito" entre Minas e São Paulo para se perpetuarem no poder nacional vem sendo considerado um mito. Na nova perspectiva, o jogo político nacional passava, ao menos, por seis grandes oligarquias regionais: São Paulo, Minas Gerais, Bahia, Rio Grande do Sul, Pernambuco e Rio de Janeiro. As sucessões na Primeira República e a capacidade de cada grupo estadual se articular de maneira bem-sucedida a poderosos de outros estados dependiam não apenas da força econômica das suas elites, mas também da sua capacidade de organização política tanto local quanto nacional. Em muitos momentos, por conta dessa complexidade, oligarquias menores conseguiram colocar seus representantes na Presidência, como no caso de Epitácio Pessoa entre 1919 e 1922. A oligarquia gaúcha, por exemplo, tinha grande influência junto ao Exército e disputava com paulistas e mineiros o apoio dos estados do Norte (atual Nordeste) no jogo político nacional. Portanto, podemos dizer que a política da Primeira República não se resume à suposta aliança São Paulo-Minas Gerais; é possível mesmo questionar se havia interesses comuns estratégicos entre os dois maiores estados da Federação.

Além dessas novas perspectivas na História Política, a História Social e a História Cultural também vêm alargando seus estudos sobre o período da Primeira República. No final dos anos 1970, trabalhos feitos sobre o movimento operário, sobre as classes médias e sobre o tenentismo demonstraram que a vida política e social da Primeira República era bem mais animada e complexa do que se pensava anteriormente. Atores políticos que iam além do "condomínio dos fazendeiros", embora não controlassem as instituições mais importantes, não estavam passivos como meros observadores bestializados do "teatro das oligarquias". Observar esses atores é, portanto, fundamental para compreender a crise da Primeira República nos anos 1920, como veremos mais adiante.

UMA REPÚBLICA INSTITUCIONALIZADA, MAS SEMPRE EM CRISE

Os presidentes que sucederam a Campos Sales se beneficiaram da institucionalização política propiciada pela Política dos Governadores, que tornava a jovem república um "condomínio de fazendeiros", neutralizando os projetos republicanos diferenciados de positivistas e jacobinos, que tinham apoio das camadas médias urbanas.

A equação da crise financeira e econômica graças ao *funding loan* também foi um fator importante na estabilização política da República, ao menos no curto prazo, permitindo ao governo encampar os bancos em crise, voltar a ser o único emissor de moedas e reequilibrar as finanças públicas. O fator econômico externo também foi importante. O capitalismo mundial no início do século XX se recuperava da longa crise que causara estagnação entre 1875 e 1895. Os mercados voltavam a se aquecer e a burguesia dos países centrais do sistema voltava a buscar novos mercados para investir.

O governo Rodrigues Alves (1902-1906), partindo do princípio de que a capital da República deveria ser um cartão de visitas à altura da "civilização" europeia, e com isso atrair os investidores estrangeiros, patrocinou uma grande modernização urbana do Rio de Janeiro. Para viabilizá-la, o prefeito Pereira Passos (1904-1905) promoveu um grande "bota-abaixo", demolindo dezenas de imóveis antigos onde, geralmente, ficavam as habitações coletivas dos mais pobres (os "cortiços"), e que teve como símbolo a construção da avenida Central à semelhança dos bulevares parisienses. Para vencer as epidemias comuns na cidade, como a febre amarela, a varíola e o cólera, a palavra de ordem das autoridades era a higienização das ruas e das pessoas a qualquer preço – o que na maior parte das vezes se traduzia em maior vigilância e intervenção na vida cotidiana das classes populares, consideradas pelas elites e pelas autoridades como culpadas pelas doenças e pela sua pobreza e ignorância, como se não houvesse mecanismos estruturais que as produzissem.

A expulsão das populações pobres do centro da cidade somou-se à imposição da vacina contra a varíola, cuja obrigatoriedade a qualquer custo permitia aos agentes públicos de saúde, apoiados pela polícia, invadirem as casas e vacinarem as pessoas à força. Não havia nenhum cuidado com o esclarecimento das populações mais pobres que eram, literalmente, o objeto da campanha higienista, e não seus sujeitos. A violação dos lares pelas autoridades, a exposição dos corpos, sobretudo das mulheres, aos agentes de saúde e a ignorância popular sobre os efeitos da vacina geraram uma tensão social muito grande, culminando na Revolta da Vacina, em novembro de 1904. A revolta ganhou contornos ideológicos mais claros ao ser apoiada pelos alunos da Escola Militar, reduto de positivistas e jacobinos, que pretendiam empossar Lauro Sodré, senador e engenheiro militar, como "ditador positivista". O protesto protagonizado por grupos populares da cidade durou cerca de 5 dias e foi reprimido com violência pelas autoridades, com um saldo de mais de 20 mortos e 100 feridos.

Em que pesem as agitações nas ruas, o jogo político fundamental da República, decidido no "teatro das oligarquias", não foi abalado. O mineiro Afonso Pena acabou eleito, governando entre 1906 e 1909. O novo presidente defendia certo grau de intervenção do Estado na economia, ao contrário de Rodrigues Alves, e apoiou a política de valorização artificial do café, materializada pelo Convênio de Taubaté (1906-1908). A política formalizada neste acordo estabelecia a compra de sacas de café pelo governo federal para formação de estoques reguladores, além da desvalorização controlada da moeda nacional para incentivar a exportação do produto. Tudo isso para garantir não apenas as "divisas" (moedas estrangeiras fortes, como o dólar ou a libra) necessárias para a economia brasileira, como também para assegurar o alto rendimento das elites cafeicultoras.

A ECONOMIA NA PRIMEIRA REPÚBLICA: CAFÉ E BORRACHA

O café era o principal produto econômico que ligava o Brasil aos mercados mundiais entre 1840 e 1950. A partir de 1865 até a Abolição, a expansão da sua lavoura significou uma grande demanda por mão de obra escrava, tanto no Vale do Paraíba quanto no Oeste Paulista.

Os "barões do café", como eram conhecidos os grandes plantadores, se constituíram em um grupo econômica e politicamente importante, tornando-se a base da oligarquia paulista, a elite mais poderosa da Primeira República. Em 1900, o café representava 60% das exportações; a pauta agroexportadora brasileira da primeira metade do século XX era complementada pela borracha e pelo cacau.

Apesar de gerar muita riqueza (e ser o mais importante produto primário da economia mundial até ser substituído pelo petróleo em meados do século XX), o café vivia crises estruturais e cíclicas. A demanda crescente pelo produto estimulava a expansão da lavoura brasileira, causando superprodução e a consequente queda de preços, diminuindo a margem de lucro dos fazendeiros. Além disso, quem ganhava dinheiro de fato eram os grandes comerciantes que faziam a ponte entre a produção das fazendas e os mercados mundiais. Para manter estável o preço do café, o governo federal brasileiro comprava os excedentes que não eram vendidos para o exterior, fazendo estoques reguladores, e manipulava o câmbio. Quanto mais desvalorizada a moeda brasileira em relação às moedas fortes estrangeiras, como a libra esterlina ou o dólar, maiores eram os ganhos dos cafeicultores em "mil-réis". Entretanto, essas medidas tendiam a tornar artigos de consumo popular que dependiam da importação (como determinadas roupas e alimentos) mais caros para a população em geral. Consolidava-se, assim, uma fórmula clássica na economia brasileira: a "socialização das perdas" geradas pelo financiamento público de interesses privados.

Enfim, o café representava a grandeza do país com "vocação agrícola", conforme defendiam amplos setores das oligarquias agrárias, mas também transformava a economia brasileira em refém do produto. Dando-se conta disso, muitos membros da própria elite política, preocupados com a excessiva dependência econômica do café, passaram a defender a diversificação da produção agrícola, o planejamento econômico e a industrialização como caminhos para a modernização da sociedade brasileira e para o fortalecimento da economia nacional frente a outras economias capitalistas. Em São Paulo, o capital excedente que era gerado pela economia cafeeira passou a ser investido na indústria de bens de consumo não duráveis (alimentos e bebidas), cuja demanda aumentava à medida que as cidades cresciam graças à imigração. Entretanto, como a economia e a política da Primeira República eram voltadas para a valorização e a proteção dos interesses dos cafeicultores, a industrialização não tinha estímulo na política econômica do governo federal. Em grande parte, esse foi um dos pontos mais criticados na crise do poder oligárquico dos anos 1920. Para os grupos sociais que sonhavam ver um Brasil industrializado e moderno – como os militares, amplos setores das classes médias urbanas, a burguesia industrial nascente –, era preciso, antes de mais nada, tirar a oligarquia rural do controle do Estado.

Afonso Pena morreu antes do fim do mandato, e os embates entre militaristas e civilistas, liberais e positivistas, logo voltaram à cena. Hermes da Fonseca, ministro da Guerra, se colocou como candidato à sucessão. Nessas eleições, a oligarquia paulista, reduto civil e liberal, apoiada pelos baianos e por parte da oligarquia mineira, apoiou o candidato Rui Barbosa na "campanha civilista", contra a volta dos militares no controle do Estado. Hermes da Fonseca era sobrinho-neto do "fundador da República", e tido como continuador da "República da Espada". Ele teve apoio do presidente em exercício depois da morte de Afonso Pena, o progressista Nilo Peçanha (1909-1910), da jovem oficialidade militar e do senador gaúcho Pinheiro Machado, nome de grande influência no jogo político federal. O senador, republicano histórico e fundador do Partido Republicano Rio-grandense (PRR, 1882), ao lado dos também gaúchos Júlio de Castilhos e Assis Brasil, tentava articular uma frente contra a preponderância de Minas Gerais e São Paulo na política nacional, consolidada desde a presidência de Campos Sales.

A campanha eleitoral foi muito disputada, marcada por comícios em praça pública por parte dos "civilistas" em busca do voto urbano nas capitais e grandes cidades, além das tradicionais articulações políticas feitas pelas oligarquias rurais. Hermes da Fonseca questionava as bases da Política dos Governadores, defendendo o fim do "situacionismo" estadual garantido pelas fraudes eleitorais, através do estabelecimento de disputas eleitorais "verdadeiras e honestas". O lema de sua campanha era a vassoura, "para varrer a corrupção" (retomado mais tarde pela campanha presidencial de Jânio Quadros, em 1960).

Eleito, Hermes da Fonseca colocou em prática seu plano para forçar o rodízio de poder nos estados hostis à sua candidatura, mas o fez de maneira pouco hábil. O plano resumia-se à Política das Salvações, nome pomposo para cobrir a articulação de manobras políticas e intervenção militar federal em vários estados. Em que pese o discurso moralizante e modernizador por trás das "salvações", não havia nenhuma mudança efetiva na ordem social ou econômica vigentes no país, pois faltava aos apoiadores dessa política de intenções antioligárquicas – operários, setores da classe média e militares – a devida organização para se impor politicamente frente ao poderio de coronéis e oligarcas. Na prática, em muitos estados, um grupo oligárquico acabou substituído por outro da mesma origem social, de oposição, trazendo de volta a instabilidade política dos primeiros anos da República.

O presidente da República, vendo-se enredado em uma situação política explosiva, logo recuou, e seu governo assumiu um feitio mais convencional e conservador. Além disso, a crise econômica, em cujo epicentro estavam os empréstimos para bancar a política de valorização do café e a desvalorização cambial, saiu do controle entre 1913 e 1914. A desafortunada política do presidente, bem como as ousadias comportamentais da jovem e bela primeira-dama, Nair de Teffé, como os saraus de música popular no Palácio, tornaram-se o assunto favorito da imprensa oposicionista.

No plano social, o governo Hermes da Fonseca foi marcado por conflitos importantes e dramáticos. Nos primeiros dias de governo, eclodiu a Revolta da Chibata (novembro de 1910), protagonizada por marinheiros em sua maioria negros e pobres. Os revoltosos faziam uma exigência básica e razoável: o fim dos castigos físicos na Marinha de Guerra brasileira, então uma das mais bem equipadas do mundo. Com a promessa de fim dos castigos e anistia aos líderes e aos demais participantes da revolta, os marinheiros recuaram, mas logo perceberam terem sido enganados pelo governo, que cedeu às exigências da alta oficialidade e puniu os revoltosos. Houve, então, uma nova rebelião, na base da Ilha das Cobras, que foi bombardeada pelas forças legalistas. Os sobreviventes ao bombardeio, cerca de 250 marinheiros, depois de se renderem, foram colocados no navio Satélite, o "navio da morte", onde ao menos 10 marinheiros foram fuzilados e jogados no mar, antes mesmo de chegarem a Manaus. De lá, os que restaram foram enviados para o trabalho forçado nos seringais da Amazônia, onde outros tantos morreriam de malária.

No Sul do Brasil, o fantasma de Canudos voltava a assombrar a República: era a Revolta do Contestado, que recebeu este nome por ocorrer em uma região disputada pelos estados do Paraná e de Santa Catarina. O pivô dessa revolta popular que encontrou expressão na linguagem religiosa e apocalíptica, tal como em Canudos, foram as ações da Brazil Railway e da Southern Lumber do empresário estadunidense Percival Farquhar, que tomou à força as terras de posseiros pobres da região, acirrando as tensões sociais locais. Liderados por um "monge", José Maria, os camponeses se rebelaram durante 4 anos, provocando um conflito com um saldo de 20 mil mortos.

Impactante nos estados do Norte (atual Nordeste), a Política das Salvações pouco interferiu no jogo político dominante dos estados mais ricos e estruturados politicamente, como São Paulo e Minas Gerais, mas permitiu que políticos experientes, como o senador Pinheiro Machado, buscassem nos estados do Norte um contraponto ao peso político paulista e mineiro. Essas manobras possibilitaram novas barganhas que acabaram por colocar a elite gaúcha no primeiro plano da política republicana. À frente do Partido Republicano Conservador, tentativa de uma agremiação com abrangência nacional, o senador gaúcho se candidatou à sucessão de Hermes da Fonseca, mas não resistiu à força dos partidos republicanos regionais comandados pelas oligarquias de cada local. A candidatura de Machado foi vista como ameaça pelas duas oligarquias mais importantes que dominavam a cena política, São Paulo e Minas Gerais. Os dois estados se uniram para lançar uma candidatura imbatível, dando origem ao mito da invencibilidade eleitoral da Política do Café com Leite, consagrada no Pacto de Ouro Fino, em 1913. Depois do fim do mandato de Hermes da Fonseca, paulistas e mineiros voltariam ao comando da política nacional, com a eleição de Venceslau Brás (1914-1918).

O governo de Venceslau Brás (1914-1918) coincidiu com a Primeira Guerra Mundial, que abalou a geopolítica e a economia mundiais. O Brasil permaneceu neutro no conflito até outubro de 1917, embora houvesse muita agitação, principalmente entre intelectuais e imigrantes, em defesa do lado francês (e Aliado) ou do alemão. Contudo, ataques alemães a navios mercantes brasileiros que comercializavam com os Aliados acabaram convencendo o governo a declarar guerra ao Império Alemão. Durante essa guerra, a participação brasileira ficou reduzida a uma equipe médica e a uma força-tarefa naval com a missão de patrulhar a costa africana entre Dacar e Gibraltar. Os únicos tiros dados pela esquadra brasileira foram contra um cardume de toninhas, confundidas com submarinos alemães! Assim que a esquadra chegou a Gibraltar, em novembro de 1918, a guerra já tinha acabado. Em compensação, a gripe espanhola (vírus Influenza, tipo A) mataria mais de 200 marinheiros brasileiros.

Entre agosto de 1918 e maio de 1919, essa pandemia de gripe dizimou milhões de pessoas em todo o mundo. Apesar de ser chamada "espanhola", a epidemia foi diagnosticada pela primeira vez nos Estados Unidos. A guerra, sem dúvida, facilitou a propagação do vírus, não apenas pela circulação de exércitos entre navios e campos de batalha, mas também pelas dificuldades cotidianas que fragilizaram as populações diante da doença. No Brasil, a gripe chegou em setembro de 1918, não se sabe se trazida por navios comerciais estrangeiros ou pela missão médica brasileira que participou da Primeira Guerra Mundial, matando cerca de 300 mil pessoas.

O contexto da Primeira Guerra Mundial também coincidiu com o acirramento dos conflitos sociais e ideológicos no mundo todo, e o Brasil não ficou imune. No final da guerra, os operários europeus percebiam que sua vida estava ainda mais difícil do que habitualmente por conta da superexploração do trabalho e da crise econômica causada pelo conflito mundial. Além de fornecerem a maior parte dos soldados que morreram nas trincheiras em nome dos seus respectivos países, a classe operária teve que trabalhar em dobro para sustentar o "esforço de guerra". Aproveitando o contexto, vários líderes revolucionários ligados aos partidos e ao movimento operário radicalizaram suas críticas ao capitalismo, captando a insatisfação da classe operária. O resultado mais dramático desta crise social foi a Revolução Russa, que derrubou a monarquia centenária que ainda mandava no imenso país de maneira autocrática, com o poder concentrado nas mãos do czar e seus poucos conselheiros, e estabeleceu o primeiro governo socialista do mundo.

Internamente, a política brasileira via nascer novos atores influentes e ideologias, alargando os conflitos para além do que ocorria no "teatro das oligarquias". As camadas urbanas, classes médias e operariado exigiam reformas políticas e sociais que as beneficiassem. Mas como esses atores se fortaleceram? Durante a guerra, o parque industrial brasileiro crescera significativamente, ainda que limitado às indústrias de bens de consumo não duráveis (têxtil, alimentos), e com ele cresceram a classe operária e suas organizações sindicais e políticas. Em outra direção, a classe média que crescia com a urbanização era cada vez mais influenciada pelo nacionalismo autoritário. Os militares, sobretudo a jovem oficialidade, expressavam as insatisfações políticas da classe média brasileira, na falta de um partido que a representasse. Esses grupos, civis e militares, passaram a defender um governo central forte e interventor, que mediasse os conflitos cada vez mais intensos entre a burguesia industrial e o operariado. Além disso, defendiam políticas mais vigorosas de apoio à industrialização, vista como o caminho para tirar o Brasil do atraso social e econômico.

Várias lideranças importantes, entre elas o próprio presidente, apoiavam uma reforma constitucional que permitisse maior controle do poder central sobre a economia das unidades federativas, principalmente sobre os empréstimos contraídos no exterior. A instituição do voto secreto era outra demanda importante. Mas a oligarquia paulista era contra ambas.

Na sucessão de Venceslau Brás, o único político de peso que se candidatou era Rodrigues Alves, que se mantinha conservador e atrelado aos que defendiam o sistema político oligárquico. Com a morte do todo-poderoso Pinheiro Machado, em 1915, assassinado por motivos pouco esclarecidos, o Brasil carecia de lideranças capazes de articular as diversas facções e grupos oligárquicos dentro e entre os estados da federação. Contudo, despontavam lideranças regionais importantes, como Borges de Medeiros, no Rio Grande do Sul, Nilo Peçanha, no Rio de Janeiro, ambos tidos como reformistas e com forte apoio de parte da classe média. Mas isso não era suficiente para uma articulação vitoriosa contra as regras não escritas da política brasileira hegemônica e contra os partidos republicanos regionais. Assim, Rodrigues Alves foi eleito. Mas morreu de gripe espanhola antes de tomar posse e seu vice, o mineiro Delfim Moreira, assumiu como presidente em exercício até julho 1919.

Sem chegar a um consenso para um nome escolhido entre suas fileiras, as oligarquias mais importantes escolheram para ser presidente do Brasil o paraibano Epitácio Pessoa, chefe da delegação brasileira na Convenção de Paz de Versalhes. Defensor do "civilismo" republicano, Pessoa nomeou civis para ministérios militares (Pandiá Calógeras, na Guerra, e Raul Soares, na Marinha). A alta oficialidade militar não gostou, mas Pessoa não demitiu os ministros.

Entre os operários, a agitação social também crescia, por causa dos efeitos econômicos e sociais da guerra e do clima de insatisfação popular no mundo todo, sob o impacto da Revolução Russa.

Estavam lançadas as bases para a crise final do modelo oligárquico da Primeira República, que explodiria com toda a força nas revoltas "tenentistas" e nas manifestações operárias dos anos 1920.

Modernidade sem modernização: a vida cultural na Primeira República

OS MALES DO BRASIL E AS FÓRMULAS DOS INTELECTUAIS E CIENTISTAS PARA CURÁ-LOS

A transição do Império para a República e a consolidação do novo regime não foram apenas tempos de mudanças estritamente políticas que alteraram a face do Estado brasileiro e dos jogos de poder na sociedade. Esse processo teve sua contrapartida no plano cultural e artístico, estimulando um grande debate entre intelectuais, literatos e cientistas preocupados em superar os "males de origem" do Brasil.

O debate sobre "a identidade brasileira" e "o lugar do Brasil dentro do concerto das nações" surgiu no fim do Império, e incrementou-se entre os anos finais do século XIX e a primeira década do século XX. Nele, os modelos europeus de civilização e cultura davam o tom; nossos intelectuais se espelhavam nas teorias em moda na Europa, considerada o suprassumo da civilização ocidental. Assim como os pensadores europeus, acreditavam nos poderes da ciência e em sistemas teóricos totalizantes para diagnosticar e curar os "males sociais" brasileiros. Os mesmos "ismos" em voga na Europa – positivismo, higienismo, evolucionismo, darwinismo social – eram apropriados aqui por intelectuais e cientistas ansiosos em transformar o Brasil em uma civilização à europeia, superando os obstáculos herdados do passado: a "ignorância" das elites; a miséria e o fatalismo das classes populares; a "degeneração racial" produzida pela miscigenação étnica; as estruturas políticas e econômicas arcaicas, resquícios dos tempos coloniais.

Inspirados por diferentes "escolas" de pensamento, os intelectuais nem sempre concordavam uns com os outros. Enquanto os adeptos do positivismo acreditavam que um governo tutelar impondo a lei e a ciência poderia mudar para melhor o destino de uma sociedade, os simpatizantes do darwinismo social defendiam que a evolução de uma sociedade era produto da luta e da competição social, durante a qual as "raças superiores" tendem a levar vantagens e, em seguida, impor o progresso a todos. Os higienistas viam na ação de políticas sanitárias o caminho fundamental para vencer as doenças e chegar à "civilização". As ações decorrentes dessas políticas deveriam ser impostas, sobretudo, às classes populares para vencer a luta contra as epidemias causadas por doenças infectocontagiosas (cólera, varíola, febre amarela), impondo novos padrões de higiene pessoal, prevenção epidemiológica (campanhas de vacinação) e saneamento urbano. Já os seguidores do cientificismo apostavam todas as fichas na capacidade de as leis científicas explicarem todos os fenômenos sociais e humanos, além dos biológicos e físicos.

Essas teorias revelavam (e aumentavam) o preconceito social e racial das elites intelectuais em relação às classes populares, pois acabavam por condenar o modo de vida dos pobres, seus hábitos pessoais de higiene, alimentação, vida sexual. Além disso, alimentavam a crença, supostamente científica conforme a época, de que a falta de saúde, de disciplina para o trabalho e de capacidade intelectual era produto da mistura de raças, enfraquecendo toda a sociedade.

Desse modo, as interpretações sobre o que era o Brasil e quem eram os brasileiros tornaram-se bastante enviesadas, pois as teorias raciais e cientificistas só receberiam críticas contundentes no contexto brasileiro a partir dos anos 1920. Contudo, o simples interesse em compreender o Brasil e refletir sobre sua história, encarando os efeitos de quatro séculos de escravidão e colonialismo, já era algo positivo no debate intelectual. A reduzida elite cultural do Brasil via a República como uma oportunidade histórica para "acertar o relógio do Império", cujo legado escravocrata fez com que o país se afastasse em relação aos seus modelos de civilização: a França, a Inglaterra e os Estados Unidos da América. Aliás, para nossas elites republicanas, este último era o exemplo de uma ex-colônia que tinha "dado certo" nos tortuosos caminhos da história.

Os modelos importados desses países pelas elites intelectuais republicanas, a chamada "República das Letras", não eram apenas políticos – como o debate acalorado entre centralismo ou federalismo –, mas também culturais. Contudo, independentemente de suas simpatias teóricas, os intelectuais republicanos simplesmente não viam alternativas *fora* dos modelos. Com a visão assim conformada (e deformada), não conseguiam enxergar os germes de nada parecido com uma civilização na sociedade brasileira tal como ela era: pobre, mestiça e iletrada.

Olhando para os andares de baixo, intelectuais e cientistas viam uma sociedade grandemente analfabeta (80% da população não sabia ler nem escrever), predominantemente rural, dominada por crendices e pela religião, marcada pela miséria abjeta e vitimada por doenças de toda espécie que "corrompiam o vigor para o trabalho e a aptidão para a civilização dos costumes".

Quando olhavam para os andares de cima, também não viam algo promissor: boa parte da elite econômica, formada sobretudo por fazendeiros, era percebida como tacanha, iletrada e pouco afeita às boas maneiras nos moldes da civilização europeia.

Diante desse quadro social desolador, os intelectuais e suas "igrejinhas teóricas" se sentiam desanimados, mas nem por isso abdicavam de um bom debate na imprensa (sobretudo no Rio de Janeiro) e nos seus espaços de sociabilidade, como as faculdades (especialmente as de Medicina do Rio de Janeiro e de Salvador), a Academia Brasileira de Letras, os museus (com destaque para os voltados para a pesquisa antropológica: Museu Emílio Goeldi, em Belém, ou Museu Nacional, no Rio de Janeiro) e os institutos históricos e geográficos (IHG). Mas essas instituições eram isoladas, ainda que prestigiadas socialmente. Sem universidades para formar novos quadros e aprofundar um debate intelectual mais amplo, metódico e denso, sem um grande público leitor que pudesse ser doutrinado com suas ideias, restava aos intelectuais brasileiros, ao menos entre o fim do século XIX e o começo do século XX, se afirmarem em seu próprio mundo, nos espaços restritos em que atuavam e, só eventualmente, contribuírem com as autoridades governamentais na cura dos "males da sociedade".

AS TEORIAS SOBRE O BRASIL E SOBRE OS BRASILEIROS

Nos anos finais do Império e nos 20 primeiros anos da República, os intelectuais que se notabilizaram pelas polêmicas sobre a identidade e os destinos do Brasil foram, em sua maioria, escritores ou críticos literários que acabaram desenvolvendo um pensamento social marcado por uma "consciência catastrófica" do atraso nacional, para usar a expressão do crítico Antonio Candido.

A natureza tropical, antes tão decantada pelos artistas românticos dos tempos do Império, também passou a ser vista como um problema. Nessa nova concepção, a natureza das terras brasileiras havia sido um desafio aos colonos europeus, exigindo sua adaptação e impossibilitando aqui a implantação fiel dos padrões civilizatórios do Velho Continente. Araripe Junior, um dos intelectuais da *Belle Époque* brasileira, chegou mesmo a desenvolver a teoria da "obnubilação brasílica". O nome complicado sintetizava os efeitos, supostamente confirmados pela ciência da época, do calor dos trópicos sobre as faculdades intelectuais dos homens. Conforme essa teoria, a luz e o calor excessivo "derretiam" as ideias e os bons costumes, para azar da civilização.

Silvio Romero era um dos expoentes do debate intelectual da época. Em seu livro *História da literatura brasileira,* publicado um ano antes do fim da Monarquia, afirmava que a sociedade (e a cultura) brasileira era o resultado da mistura do português, do negro e do índio, temperada pela influência do meio e pela tendência à imitação da cultura europeia. Apesar das mazelas existentes, era isso que se apresentava e não adiantava fingir que não havia um *povo brasileiro*, deixando de enxergar suas particularidades, como fazia a elite imperial. Romero não via muitas qualidades na miscigenação racial e no meio tropical, mas defendia que uma ação tutelar de uma elite, devidamente informada e assessorada pelas teorias científicas, poderia modificar o destino nacional e vencer os "males de origem" do Brasil.

Tal como vários outros intelectuais da época, Romero parecia ver as classes populares como produto dos "males de origem" que impediam o triunfo da civilização nos trópicos: escravidão, mandonismo, catolicismo tacanho, mistura de raças, herança colonial portuguesa, doenças crônicas, ignorância generalizada. Mas sem dúvida, para ele, o problema principal era a "mistura de raças", especialmente a marcante presença africana na sociedade brasileira. Romero, assim como Nina Rodrigues (médico maranhense que fez carreira na prestigiosa Escola de Medicina da Bahia), debruçou-se sobre essa questão inspirado por teorias calcadas no chamado "racismo científico" e no "determinismo geográfico", muito em voga na época entre intelectuais na Europa e nas Américas. Conforme essas teorias – cujos expoentes internacionais eram Arthur de Gobineau e Henry Thomas Buckle –, o grau de "pureza das raças" determinava o nível de civilização possível de ser atingido por uma sociedade. As "raças" eram pensadas de forma hierárquica com a "raça ariana branca" no topo da hierarquia, seguida de "amarelos" e "negros" no patamar inferior. Segundo os delírios racistas de Gobineau, os "arianos" seriam uma suposta raça branca originária, presente em todas as grandes civilizações da história; assim, quanto mais o "elemento branco" predominasse em determinada sociedade, mais civilizada ela seria. Para Gobineau, a miscigenação levaria uma sociedade à decadência.

Apesar de constatar a presença maciça das "raças inferiores" no Brasil, Silvio Romero acreditava no poder da miscigenação, da mistura, apagando as diferenças raciais que estão na origem do povo brasileiro e fazendo triunfar "uma raça única e original" em um futuro próximo. Com ela, viria também o êxito da civilização e dos elementos culturais e raciais herdados dos "brancos". Vale lembrar que, a partir do início do século XX, Romero ficou menos otimista em relação ao Brasil, prognosticando esse processo evolutivo de regeneração da "raça brasileira" apenas para o século XXIV!

Nina Rodrigues era ainda mais pessimista. Para ele, a presença do negro, sobretudo os "angolas e bantos", era nociva e explicava tudo de ruim que existia no Brasil: a preguiça, o crime, as doenças. A mestiçagem, longe de "branquear" a população, ou de ser capaz de criar no futuro um "mestiço superior e civilizado", era um mal a ser combatido, pois, ao invés de "elevar as raças inferiores", acabaria por "rebaixar os brancos".

Retratos de preconceitos aliados a um genuíno interesse científico, cultural e antropológico pelo povo brasileiro, ainda que enviesado em seus objetivos, as obras de Silvio Romero e Nina Rodrigues podem ser vistas como exemplos de contradições e limites da elite intelectual brasileira na época. Em tempo: ambos eram mulatos, embora defendessem o branqueamento da sociedade. A sofisticação intelectual de ambos, em que pesem os seus preconceitos, era a prova do equívoco das teorias raciais em voga e que eles próprios defendiam.

Na década de 1910, a eugenia começava a penetrar no ambiente intelectual brasileiro, agregando-se às antigas teorias raciais, cientificistas e evolucionistas. O próprio Silvio Romero, a partir de então, foi muito influenciado pela eugenia, fazendo com que o fator biológico ganhasse mais relevo em seu pensamento. Esta ideologia – que misturava conhecimento científico, visão autoritária de mundo e preconceito racial puro e simples – defendia uma intervenção do Estado nos grupos sociais e nas famílias. As medidas defendidas pelos eugenistas incluíam: a interdição de casamentos inter-raciais, a imposição de hábitos de higiene e cuidados com a saúde corporal, o afastamento e a esterilização de pessoas com doenças físicas ou mentais hereditárias, o isolamento de grupos humanos considerados "racialmente inferiores". Os médicos da época eram seus grandes entusiastas, defendendo políticas públicas com base em conhecimentos supostamente científicos, com o objetivo de "aprimorar a raça" e, com isso, a sociedade, propondo leis e campanhas educativas. Em 1917, foi fundada a Sociedade Eugênica de São Paulo, na tentativa de influenciar nas políticas públicas de saúde. Em 1923, no Rio de Janeiro surgiu a Liga de Higiene Mental. O foco central de ação dos eugenistas no Brasil foram as campanhas sanitárias para a melhoria da higiene pessoal, pela educação moral e pelo saneamento das cidades, bem como a campanha contra aquilo que era considerado os maiores "vícios morais" da sociedade brasileira da época, como o alcoolismo e a prostituição. Essencialmente conservador, o pensamento eugênico se concentrava nos efeitos destas mazelas nas populações pobres, e não propriamente nas causas. Para seus defensores, bastaria evitar que os efeitos de doenças e vícios se perpetuassem na reprodução humana, para que as pessoas nascessem mais saudáveis e ajustadas socialmente.

Mas nem só de racistas "científicos" vivia a intelectualidade nos anos iniciais da República. Manuel Bonfim, por exemplo, ensaiou uma crítica histórica que condenava o colonialismo e o imperialismo como fatores explicativos para o atraso no Brasil e na América Latina, deixando de lado o binômio "raça e meio" como explicação para todas nossas mazelas. Joaquim Nabuco, monarquista liberal, mas resignado com a República, explicava a suposta inferioridade do negro como resultado da escravidão e da ausência de políticas sociais e econômicas de promoção dos libertos e seus descendentes.

Euclides da Cunha foi outro grande expoente da intelectualidade brasileira republicana, concentrando em si não apenas a crença nas teorias raciais, mas esboçando também uma crítica sociológica e política que ia além dos "ismos" e das soluções científicas prontas para os "males do Brasil". Sua obra monumental *Os sertões*, sobre a Guerra de Canudos, é um exemplo de convivência de sentimentos e teorias conflitantes dentro de um mesmo autor. Euclides da Cunha não demonstrava a mínima simpatia pelos revoltosos de Canudos, explicando-os como produto do meio hostil, do hibridismo das raças e do atraso causado pela miséria, porém, seu livro acabou por denunciar a barbárie provocada pela intervenção do Exército e pela alienação das elites e classes médias litorâneas em relação ao Brasil profundo dos sertões. Euclides da Cunha defendia que a Guerra de Canudos tinha que ser combatida com escolas, com integração cultural e econômica ao mundo moderno. Mas o regime republicano, que ele tanto defendia, enviaria apenas soldados e canhões.

A "REPÚBLICA DAS LETRAS": OS ESPAÇOS DE SOCIABILIDADE INTELECTUAL

A Academia Brasileira de Letras (ABL), fundada em 1897, acabou congregando os escritores e intelectuais mais prestigiados do começo da República. A ABL era a "torre de marfim" a partir da qual o letrado deveria olhar o mundo, e, no seu abrigo, representá-lo literariamente. Machado de Assis, José Veríssimo, Rui Barbosa, Joaquim Nabuco estavam entre os seus 30 membros fundadores, aos quais se acrescentaram mais 10 nomes. Na ABL, monarquistas e republicanos, cientificistas e escritores poderiam compartilhar uma república de iguais, a "República das Letras".

Apesar do analfabetismo dominante na população, no começo da República a imprensa brasileira cresceu de maneira notável se comparada aos tempos do Império e tornou-se um espaço importante para o debate intelectual e mesmo para a divulgação da produção literária. Vários jornais relevantes ao longo do século XX, e mesmo no XXI, sugiram nessa época: *O Estado de S. Paulo* (ex-*Província de São Paulo*, 1875), *Folha da Manhã* (atual *Folha de S.Paulo*, 1926), *Jornal do Brasil* (1891), *Correio da Manhã* (1901), *O Jornal* (1919), *O Globo* (1925), *O Estado de Minas* (1928), só para citar alguns. Via de regra, os jornais diários eram ligados a famílias tradicionais e veiculavam ideias liberais com clara intenção de intervir na vida política brasileira. Eram periódicos que expressavam opinião, além de veicular notícias mundanas e cotidianas.

A Primeira República também viu surgir revistas ilustradas que marcaram época, como a *Revista da Semana* (1900), *Fon-Fon* (1907), *O Malho* (1902), *Careta* (1908). Essas revistas eram ricamente ilustradas por desenhistas talentosos, com foco na caricatura política. Também veicularam crônicas, debates sobre todos os aspectos da vida nacional, publicidade comercial e matérias sobre o dia a dia da sociedade que se aburguesava e se interessava cada vez mais em consumir novas ideias e novos produtos.

As revistas literárias e de "intervenção intelectual" também foram um fenômeno marcante da Primeira República. O *Almanaque Brasileiro Garnier* (1903-1914) e a *Revista do Brasil* (1916-1925, refundada em 1926-1927) foram importantes periódicos na formação de um público leitor e no debate de ideias sobre o Brasil. Olavo Bilac, Sérgio Buarque de Holanda, Monteiro Lobato, Mário de Andrade foram alguns dos colaboradores dessas revistas.

A literatura, seja na forma de poesia ou de prosa, também era vigorosa entre o final do século XIX e início do século XX, embora tenha ficado obscurecida na história da literatura brasileira, engavetada entre a grande produção literária dos tempos do Império (marcada pelo romantismo e pelo realismo) e a do modernismo pós-1922. No começo da República, o campo da poesia se pautava pelo simbolismo e pelo parnasianismo, dois movimentos que, embora partissem de temáticas diferenciadas – como a angústia e o gosto pelo transcendental dos simbolistas e a busca de uma universalidade estética dos parnasianos –, compartilhavam a preferência pelo formalismo rebuscado, com sintaxes complexas e vocabulário sofisticado. Cruz e Souza, Alphonsus de Guimaraens, Raimundo Correa e Olavo Bilac foram os poetas mais importantes do período. Bilac foi de longe o mais prestigiado e também um dos literatos mais populares de sua época, além de muito influente como intelectual nas questões políticas. Exemplo disso foi sua colaboração, a partir do início do século XX, na construção de uma cultura nacionalista, cívica e patriótica. O poema "Pátria" é um dos exemplos dessa perspectiva do poeta, que se vê como parte inseparável da pátria brasileira, que se confunde com o solo natural onde vive e onde estará enterrado quando morrer:

> Pátria, latejo em ti, no teu lenho, por onde
> Circulo! E sou perfume, e sombra, e sol, e orvalho!
> E, em seiva, ao teu clamor a minha voz responde,
> E subo do teu cerne ao céu de galho em galho!
> [...]
> Vivo, choro em teu pranto; e, em teus dias felizes,
> No alto, como uma flor, em ti, pompeio e exulto!
> E eu, morto, – sendo tu cheia de cicatrizes,
>
> Tu golpeada e insultada, – eu tremerei sepulto:
> E os meus ossos no chão, como as tuas raízes,
> Se estorcerão de dor, sofrendo o golpe e o insulto!
>
> (Olavo Bilac, "Pátria", *A Tarde*, 1919)

Além de escrever poesias de cunho patriótico, Bilac foi um dos fundadores da Liga de Defesa Nacional que estimulava valores nacionalistas e cívicos, através de conferências, matérias em jornais, obras didáticas e campanhas públicas (como a do Serviço Militar Obrigatório).

Nos primeiros anos da República, o naturalismo e o realismo dos anos finais do Império ainda davam o tom em romances e contos. Enquanto o naturalismo se pautava por descrever os tipos e ambientes sociais, o realismo buscava o motor oculto dos jogos sociais, as regras não escritas, as dimensões mais sutis e contraditórias do sentimento e das relações humanas e sociais. Artur de Azevedo e Machado de Assis eram os maiores expoentes, respectivamente, dessas duas tendências.

Já nos anos finais do Império, Machado de Assis se notabilizara pelo olhar realista, fino e irônico, que desnudava as relações sociais marcadas pela hipocrisia, misérias da escravidão e pelo clientelismo generalizado. No período republicano, Machado de Assis continuou publicando grandes romances, como *Dom Casmurro* (1899) e *Esaú e Jacó* (1904). Neste último, retratou os dilemas políticos e sociais da transição do Império para a República a partir dos conflitos entre dois irmãos, Paulo (republicano, formado em direito) e Pedro (médico monarquista). Ambos disputam na política e na vida, sob a sombra do conselheiro Aires, diplomata e quadro político do Império, espécie de narrador do romance.

Cético e irônico diante das grandes expectativas dos intelectuais cientificistas e republicanos militantes, Machado de Assis muitas vezes foi o alvo dos ataques deles, sobretudo de Silvio Romero. Aliás, partiu de Machado de Assis uma das melhores críticas aos cientificistas e às teorias totalizantes (com sua pretensão de chegar à "Verdade" sobre a natureza e sobre os homens): o conto "O Alienista". O personagem principal do conto, Simão Bacamarte, era caricatura do intelectual cientificista do final do século XIX. Na sua ânsia por identificar clinicamente as causas e sintomas da loucura, Bacamarte, ao final, chega à "conclusão científica" de que só ele é o "alienado" que deve ser internado no asilo por ele mesmo fundado.

> Simão Bacamarte achou em si os característicos do perfeito equi-
> líbrio mental e moral; pareceu-lhe que possuía a sagacidade, a
> paciência, a perseverança, a tolerância, a veracidade, o vigor mo-
> ral, a lealdade, todas as qualidades enfim que podem formar um
> acabado mentecapto. Duvidou logo, é certo, e chegou mesmo a
> concluir que era ilusão; mas, sendo homem prudente, resolveu
> convocar um conselho de amigos, a quem interrogou com fran-
> queza. A opinião foi afirmativa. – Nenhum defeito? – Nenhum,
> disse em coro a assembleia. – Nenhum vício? – Nada. – Tudo

perfeito? – Tudo. – Não, impossível, bradou o alienista. [...]. Era decisivo. Simão Bacamarte curvou a cabeça juntamente alegre e triste, e ainda mais alegre do que triste. Ato contínuo, recolheu-se à Casa Verde. Em vão a mulher e os amigos lhe disseram que ficasse, que estava perfeitamente são e equilibrado: nem rogos nem sugestões nem lágrimas o detiveram um só instante. – A questão é científica, dizia ele; trata-se de uma doutrina nova, cujo primeiro exemplo sou eu. Reúno em mim mesmo a teoria e a prática. – Simão! Simão! meu amor! dizia-lhe a esposa com o rosto lavado em lágrimas. Mas o ilustre médico, com os olhos acesos da convicção científica, trancou os ouvidos à saudade da mulher, e brandamente a repeliu. Fechada a porta da Casa Verde, entregou-se ao estudo e à cura de si mesmo. Dizem os cronistas que ele morreu dali a dezessete meses no mesmo estado em que entrou, sem ter podido alcançar nada.

Lima Barreto e Monteiro Lobato foram outros exemplos importantes de escritores engajados em denunciar as mazelas do Brasil. Lobato, até o final dos anos 1910, foi jornalista e fazendeiro do Vale do Paraíba, tornando-se escritor-jornalista em tempo integral depois que uma grande geada destruiu as suas plantações. Em 1919, publicou *Urupês*, um livro que reunia contos e crônicas, parte deles escritos e publicados nos anos anteriores, inspirados na experiência de Lobato como fazendeiro. A obra expressa o diagnóstico, marcado pelos preconceitos da época, que a elite dos fazendeiros fazia do trabalhador rural. O famoso "Jeca", criado por Lobato, era o símbolo do trabalhador rural considerado atrasado, ignorante e cronicamente doente, tido como o maior obstáculo à civilização e à modernização do trabalho na lavoura, como se apenas sua ignorância individual fosse responsável pelas suas mazelas sociais. Ao mesmo tempo, Lobato acreditava na ciência e na pedagogia cívica nacionalista conduzida pelos intelectuais para resolver todos os "males do Brasil", e nesse sentido desempenhou um importante papel não apenas como escritor, mas também como empresário e editor de livros.

Lima Barreto expressou de maneira contundente os impasses e as frustrações com o tão esperado regime republicano no Brasil, denunciando o arcaísmo, o conservadorismo e o racismo das elites políticas e econômicas da República. Em livros como *Recordações do escrivão Isaías Caminha* (1909) e *Triste fim de Policarpo Quaresma* (1915), o "pequeno cidadão", os pobres, os mestiços e os funcionários públicos de baixo escalão são retratados como vítimas da impostura e das barreiras sociais, visíveis e invisíveis, contra as quais o escritor não receita as fórmulas intelectuais típicas da época, como o higienismo e a eugenia. Para Barreto, o problema do Brasil era social e político e não fruto de uma herança racial degenerada a ser corrigida pelo braço forte da lei e da ciência. Nesse sentido, Lima Barreto flertou com o socialismo e o anarquismo, o que não era comum entre os escritores da época.

CULTO AO PROGRESSO E À CIÊNCIA

Em suas propostas para a construção de uma nova sociedade no Brasil, a maior parte da intelectualidade e dos homens de ciência brasileiros mesclava ceticismo e voluntarismo. Para a maioria dos médicos, bacharéis, engenheiros que constituíam a corrente dominante de pensamento intelectual já na primeira década do século XX, a solução estava na ação firme do Estado junto às classes populares com o objetivo de promover a "civilização" (sob moldes europeus, como vimos) no país, ou seja, educar e higienizar as pessoas e as cidades, e integrar as vastas regiões rurais atrasadas aos centros urbanos e aos valores civilizatórios. O problema, entretanto, é que o olhar da nossa intelectualidade era conservador e elitista. Muitos dos intelectuais tinham clara noção da responsabilidade das oligarquias rurais na perpetuação do atraso, mas nem por isso propunham saídas revolucionárias para essa situação, como era comum na época entre intelectuais europeus e americanos. Assim, grupos políticos dominantes se serviam desses intelectuais e até apoiavam alguns de seus projetos civilizatórios, pois comungavam o mesmo diagnóstico: os maiores empecilhos à civilização eram a "mestiçagem racial" e a "degeneração dos costumes" entre as populações pobres do campo e da cidade, frutos da herança escravista, do analfabetismo e da falta de higiene. Como as elites políticas da Primeira República não se viam como parte desses males – ao alimentarem o mandonismo local dos coronéis e ao não desenvolverem uma política contundente de alfabetização de massas, saneamento básico e estímulo à modernização econômica do país –, acabavam culpando o pobre por sua pobreza, e pouco faziam, no plano das políticas públicas, para que o bem-estar geral fosse aprimorado. As dificuldades de educar e sanear o país, que historicamente carecia de escolas e hospitais – estruturas básicas –, eram enormes. A constatação da falta destas estruturas – causa principal da ignorância e da doença das massas populares –, contudo, era minimizada pelo diagnóstico que culpava diretamente os pobres – supostamente afetados pela degeneração racial – por suas mazelas. O que era efeito virou a causa do atraso nacional.

Diante desse diagnóstico equivocado, mas coerente com o racismo e a exclusão social e política que pautavam o pensamento das oligarquias republicanas dominantes, alguns intelectuais e cientistas sugeriam ações políticas, via Estado: controlar as classes populares, impor medidas sanitaristas e higiênicas por decreto e, no longo prazo, estimular o "branqueamento" da população brasileira. A imigração em massa de europeus – italianos, alemães e espanhóis – prepararia o "estoque genético" para esse branqueamento. Em grande parte, a imigração não era vista como simples substituição da mão de obra escrava, mas do próprio negro afrodescendente.

O quadro de Modesto Brocos y Gómes traduz em imagem o projeto de branqueamento da população defendido por alguns intelectuais e cientistas como solução para o atraso brasileiro. Nele, há uma família pobre do meio rural: um bebê branco, mas que tem avó negra, mãe mulata e pai moreno-branco. A avó ergue as mãos para o céu, como se estivesse agradecendo a Deus por seu neto ter nascido completamente branco, como se sua cor redimisse os afrodescendentes das infelicidades causadas por sua suposta inferioridade racial.

A redenção de Cam, de Modesto Brocos y Gómes, 1895
(acervo Museu Nacional de Belas Artes, Rio de Janeiro).

Sob esse "esforço civilizatório", a capital da República passou por uma grande reforma urbana durante o governo de Rodrigues Alves. Ela elegeu três prioridades: a ampliação e modernização do velho porto do Rio de Janeiro, a reforma urbana do centro da cidade e a higienização forçada das populações pobres. Sob o comando do prefeito Pereira Passos, a reforma urbanística do centro mudou a paisagem social e arquitetônica do Rio de Janeiro. No lugar de cortiços e hotéis baratos que abrigavam populações pobres de trabalhadores e marginais, o centro do Rio ficou marcado pela bela avenida Central, bulevar de estilo parisiense. Quanto aos pobres, já que não estava nos planos das autoridades diminuir, propriamente, a sua pobreza, foram expulsos para as áreas longínquas ou para os morros, nos quais as belezas e confortos do urbanismo moderno não chegariam jamais.

Além disso, agentes sanitaristas acompanhados de forças policiais se arvoraram no direito de controlar os corpos dos pobres sem antes conscientizá-los ou consultá-los. Para as autoridades que conduziram as campanhas sanitaristas, a febre amarela, a varíola e outras pestes não permitiriam tais sutilezas. Seu modelo eram as bem-sucedidas reformas urbanas parisienses, conduzidas de forma autoritária pelo barão George Haussman, homem que tinha medo de "pestes e revoluções", tal como as nossas elites republicanas. Para as autoridades brasileiras, caçar ratos, combater mosquitos e vacinar seres humanos eram parte de uma mesma política, frequentemente aplicada de maneira impositiva e violenta nos bairros populares.

As populações do campo também seriam objeto do olhar científico e sanitarista enviesado que dava o tom das políticas públicas das grandes cidades brasileiras. Em 1916, fruto de uma extensa pesquisa no interior do país, foi publicado o *Relatório Médico-Científico*, produzido pelo Instituto de Manguinhos, criado em 1900, para ser o centro da pesquisa científica de combate a doenças e pragas tropicais. Em 1918, formou-se a Liga pró-Saneamento do Brasil, tentando reunir intelectuais, políticos e cientistas para pressionar o governo a adotar uma política nacional de saúde. Vale lembrar que não havia na época um "Ministério da Saúde" com autonomia orçamentária e administrativa para desenvolver tal política e os municípios eram meros currais eleitorais de coronéis pouco preocupados com o bem-estar da população. A malária, a doença de Chagas, as diversas verminoses eram as principais doenças a serem combatidas. (Aos poucos, a própria elite intelectual, apesar dos seus preconceitos arraigados, começaria a perceber que os problemas brasileiros iam muito além da ignorância e da má vontade das classes populares em relação à civilização.)

As classes populares no Brasil eram vistas como ignorantes pelas elites políticas e intelectuais da Primeira República. Além das propostas higienistas, havia uma utopia educacional que ligava a ideia de República às "luzes" que iriam iluminar as "trevas intelectuais" onde viviam os brasileiros, secularmente dominados pelo colonialismo, pelo servilismo, pelo analfabetismo e pela religiosidade vista como "rústica". Muitos republicanos, sobretudo os positivistas, sonhavam com uma escola pública laica, ancorada em conteúdo científico, que disseminasse valores cívicos e patrióticos. Mas a Igreja Católica ainda tinha muita força na educação, formal e informal, da população brasileira, e não tinha muita simpatia pela educação pública e laica, receando perder sua ascendência sobre as classes populares e também sobre as camadas médias da população.

Na prática, pouco se fazia para melhorar a educação no país. Não houve, nos primórdios da República, uma política educacional de massa. Mesmo nos estados que desenvolveram um projeto de escola pública e laica, como São Paulo, as vagas não eram suficientes para a demanda histórica reprimida; e, nas escolas existentes, frequentemente, mecanismos informais impediam o acesso de crianças negras e pobres, entregues então à própria sorte. Ademais, essas crianças tinham que trabalhar cedo para completar a renda familiar, não conseguindo manter-se na escola. O Rio Grande do Sul, onde o positivismo dava o tom da administração estadual, foi o único estado a desenvolver uma política de alfabetização de massas mais eficaz para os padrões brasileiros. No país, o Rio de Janeiro e as capitais estaduais acabavam concentrando a população alfabetizada. O ritmo de alfabetização em escala nacional era muito lento, o que tinha implicações políticas diretas, pois os analfabetos, quase sempre trabalhadores rurais pobres, não podiam votar e estavam sujeitos aos desmandos dos coronéis, "donos de gado e de gente".

O cidadão-modelo votante da Primeira República, refém do conservadorismo das suas elites políticas, acabava sendo o homem branco, alfabetizado, funcionário público ou profissional liberal, pautado por uma visão de Brasil que oscilava entre o pessimismo diante das mazelas nacionais e o nacionalismo ufanista. O operário era visto como parte da "malta" a ser controlada e disciplinada para o trabalho, e o homem do campo era tido como um semibárbaro, supersticioso, preguiçoso e doente. Se fosse negro, mulato ou índio, tanto pior. Essa condição discriminatória era mais grave entre as mulheres desses grupos sociais, vítimas não apenas do preconceito social e racial, mas também do machismo de uma sociedade preconceituosa e patriarcal.

ENTRE O REGIONALISMO E O NACIONALISMO UFANISTA E PATRIÓTICO

A imagem que a historiografia frequentemente dissemina sobre a Primeira República, sobretudo antes do modernismo de 1922, é a de uma época que misturava um vago sentimento ufanista, muito ainda baseado na exaltação da grandeza e das belezas naturais do Brasil, com valores regionalistas predominantes, corolário da "política dos estados" na vida cultural. Essa imagem não está de todo equivocada, mas esconde uma realidade cultural mais complexa.

Livres do centralismo dos tempos da Monarquia, as províncias, agora transformadas em estados federativos, puderam construir sua própria versão da história brasileira e regional, sua própria História Oficial, e cultuar seus "tipos humanos", seu folclore e suas paisagens naturais típicas. Foi durante essa época que muitos tipos e valores surgidos no regionalismo literário que marcara o final do Império ganharam *status* de Histórias oficiais locais e folclores regionais. "O gaúcho" e "o bandeirante", por exemplo, transformaram-se em atores históricos e sociais positivos, expressão da pujança dos seus estados de origem, Rio Grande do Sul e São Paulo, respectivamente. Ambos eram os símbolos do vigor físico, da ousadia e coragem, ao mesmo tempo que eram representados como tipos humanos livres e que se impuseram ao meio geográfico. Mas também surgiram tipos mais complexos, com *status* ambíguo, ora signo de autenticidade cultural, ora signo de atraso, como "o sertanejo" e "o caipira". Na literatura, esses personagens se destacam pela capacidade de adaptação e resistência a um meio natural hostil, mas também pela esperteza e malícia diante das dificuldades do dia a dia.

Mas não se pense que a Primeira República teve de esperar o modernismo para ver parte de sua elite convertida ao nacionalismo integrador que desejava unir e reinventar o país, dando-lhe uma nova imagem. A Primeira República, antes de 1922, também tinha seus valores simbólicos de brasilidade e projetos de integração nacional, ainda que fossem projetos intelectuais um tanto desconectados do centro decisório do poder. Via de regra, até 1922, os intelectuais nacionalistas se concentravam nos círculos literários e jornalísticos da capital federal. O tipo de sentimento nacionalista mais forte na Primeira República foi o "ufanismo", o elogio da nação brasileira, sobretudo a partir dos elogios à grandeza territorial e à natureza exuberante do país. Esse tipo de ufanismo com relação à natureza convivia com os regionalismos e ambos não chegavam a entrar em conflito.

Assim, se o tom pessimista sobre os brasileiros era predominante no debate ancorado em verdades supostamente científicas, não podemos menosprezar o importante movimento intelectual cívico, ufanista e nacionalista que ficou mais patente a partir de meados da primeira década do século XX. Por volta de 1920, através de movimentos como o Propaganda Nativista e o Ação Social Nacionalista, nacionalismo, ufanismo e civismo convergiram, demarcando o nascimento de um projeto nacionalista autoritário que ficaria mais patente ao longo dos anos 1920 e 1930. Alberto Torres foi um dos intelectuais precursores dessa vertente, destacando em suas obras "a principal raiz dos males brasileiros": a falta de um poder central forte e interventor, organizador das forças sociais, seja de elite ou popular, vistas por ele como dispersas em seus regionalismos políticos e culturais, e lenientes em relação aos problemas nacionais. A obra de Alberto Torres teve especial impacto no Exército brasileiro, que passou a se ver como a única organização política capaz de realizar a construção desse ideal de Estado e de integração nacional. Naquele momento, o Exército passava por um processo de reorganização doutrinária para se afirmar como ator político em defesa "da nação e da pátria", influenciado, sobretudo, pelos oficiais que iam estudar na Europa, sobretudo na Alemanha. A revista *Defesa Nacional*, criada em 1916, foi o epicentro dessa corrente de pensamento e estímulo na formação de uma nova oficialidade que passou a se enxergar como "esteio da nação", cuja unidade era vista como ameaçada pelos civis e suas disputas deletérias por interesses partidários e localistas.

A obra mais expressiva do ufanismo em tempos iniciais da República foi escrita por um monarquista, o "conde" Afonso Celso, intitulada *Porque me ufano do meu país* (1908). Nela, o autor retomava o culto à grandeza territorial e à exuberância da natureza brasileira, perspectiva muito próxima à tradição do romantismo dos tempos imperiais, como o "primeiro" e o "segundo" motivos para se orgulhar do Brasil. Nessa obra, muito conhecida à época, encontramos outras afirmações que acabaram se tornando clichês para definir o Brasil e os brasileiros e destoavam dos argumentos daqueles que acreditavam na degeneração das raças e na insalubridade tropical determinante: o clima ameno de "eterna primavera", as "imensas riquezas naturais", a "vocação da sociedade" para "o culto à ordem" e ao "pacifismo" na relação com os outros povos, o caráter "cavalheiresco" e "sem preconceitos" do seu "povo mestiço", cuja virtude era ter sido formado por "três raças valorosas": a portuguesa, a negra e a indígena (o autor considerava "o português" o representante de uma raça). Afonso Celso reconhecia os méritos da grande civilização europeia, mas afirmava que, naturalmente, quase por uma inércia da história, a brasileira "chegaria lá", ou seja, se equipararia a ela.

Nessa mesma época, outros ufanistas, como Olavo Bilac, republicano histórico, eram menos inclinados a acreditar nesse destino predeterminado, por isso defendiam um plano de ação. Partiram para um ativismo cívico, pedagógico e político para construir o "amor à pátria" como condição para superar nossas mazelas. Com Manuel Bonfim, Olavo Bilac escreveu *Através do Brasil* (1910), narrativa voltada para as crianças em formação escolar que contava a história de dois meninos em busca do pai e que acabam penetrando Brasil adentro. O objetivo era criar um sentimento nacionalista já nas crianças em idade escolar.

Os pensadores católicos, por sua vez, que passaram a se organizar de maneira politicamente mais eficaz a partir da coordenação de D. Sebastião Leme (arcebispo do Rio de Janeiro), também desenvolveram sua leitura peculiar do nacionalismo no movimento Cruzada Católica, que repousava na defesa da família patriarcal, com papéis bem definidos e hierarquizados entre o homem e a mulher do casal, e da fé católica universal e hegemônica, como garantias da ordem social. Para eles, era como se o Brasil fora do mundo católico não resistisse como nação e como sociedade.

CULTURA POPULAR NO CAMPO E NA CIDADE

Outra imagem historiográfica muito comum sobre o período da Primeira República é de uma sociedade governada por uma elite orgulhosa dos seus valores oligárquicos que, no afã de impor a todos uma cultura e uma civilização determinada, rejeitava, por conta dos seus preconceitos sociais e raciais, todas as manifestações culturais que brotassem das classes populares. Portanto, a exclusão política das classes populares – sintetizada na frase "a questão social é uma questão de polícia", atribuída à Washington Luís quando era candidato ao governo de São Paulo – parecia expressar também a dificuldade das elites políticas e intelectuais em incorporar as manifestações culturais populares como base para uma identidade nacional compartilhada e legitimada. Essa imagem não é de todo errônea, mas deve ser relativizada para melhor compreensão das contradições e das várias experiências históricas que marcam a vida cultural do período.

Em primeiro lugar, muitos intelectuais, em que pese seus valores elitistas, não estavam cegos diante da rica cultura popular brasileira, sobretudo aquela oriunda das populações rurais. Desde o final do século XIX, artistas e pensadores buscaram conhecer melhor o "homem brasileiro", e representá-lo através de livros, quadros e músicas.

Na pintura, antes do furacão modernista, o academicismo dava o tom. Antonio Parreiras, Rodolpho Amoedo, Benedito Calixto e Almeida Júnior eram os pintores mais consagrados entre o final do século XIX e início do século XX. Entre naturezas, retratos de personagens da elite e nus artísticos, esses pintores também criaram obras que ajudaram a reconfigurar o imaginário sobre as classes populares que havia sido forjado nos tempos do Império. Em suas obras, havia uma preocupação em retratar o trabalhador rural mestiço como o símbolo do "homem brasileiro".

O fluminense Parreiras pintou telas onde os estudos da paisagem, da história e dos tipos populares brasileiros convergiam (*Sertanejas, Beckman no sertão, A sesta, Iracema, O caçador de esmeraldas*).

Almeida Júnior destacou-se na figuração de "tipos brasileiros", em telas canônicas como *Caipira picando fumo* (1893) ou *O violeiro* (1899). O tom regionalista desses quadros também estava presente em suas telas com temas históricos, como em *A partida da monção* (1894), expressão do culto nascente do "bandeirante paulista".

A obsessão em retratar o "homem brasileiro" das classes populares era também uma forma de compensar a virtual ausência do escravo e a idealização dos índios das representações artísticas passadas, marcas da cultura oficial do Império.

Benedito Calixto, outro paulista, marcou a pintura de temática histórica do período retratando um imaginário calcado nas paisagens e nos mitos do bandeirantismo caros à elite paulista, pois os heróis bandeirantes e as cenas históricas ligadas às bandeiras e ao desbravamento do sertão brasileiro durante a Colônia pintados por Calixto imortalizavam de modo elogioso os "antepassados" dessa elite que ascendeu economicamente com o café e a industrialização e procurava destacar seu prestígio social.

Desde o século XIX, nomes como Silvio Romero e Melo Moraes Filho, entre outros, dedicavam-se a desvendar a "psicologia do homem brasileiro". Pelas lentes do folclorismo praticado por esses intelectuais, nascia um projeto de selecionar materiais (poemas, formas musicais, danças, lendas, narrativas) populares considerados "autênticos" ou "típicos" de uma região. Nesse processo, a cultura popular rural acabava sendo valorizada. O fato é que bem antes do modernismo de 1922, considerado um marco na construção de uma perspectiva mais positiva do meio intelectual sobre a cultura popular, as elites letradas tinham descoberto e reinventado as "coisas do povo". Portanto, nem o elemento popular era invisível na cena cultural brasileira das primeiras décadas republicanas, nem os preconceitos e exclusões de que ele era alvo terminariam com o modernismo.

Em resumo, no período que vai desde o início da República até 1920, cresceu entre os intelectuais a valorização do folclore rural juntamente com a busca (um tanto esquemática) por identificar os "tipos populares brasileiros autênticos". Além disso, nessa época, as próprias manifestações populares ganharam novos contornos, sobretudo as urbanas. A música popular e o carnaval eram seus principais polos de expressão, especialmente no Rio de Janeiro, a capital federal. Embora as classes populares urbanas e suas formas de expressão cultural não fossem tão valorizadas pelo olhar folclorista quanto as matrizes culturais rurais, elas já fascinavam muitos cronistas e escritores.

No Carnaval carioca, classes e raças diferentes podiam se misturar nos dias de folia, suspendendo as hierarquias sociais e raciais vigentes. Contudo, essa grande festa popular muitas vezes não escondia as tensões existentes; diferentes grupos festejavam de formas distintas. Havia o bloco carnavalesco composto, sobretudo, por negros e mulatos, e o corso elegante dos brancos que desfilavam sobre seus automóveis. As escolas de samba, que se tornaram marca principal do carnaval de rua brasileiro, só nasceriam no final da Primeira República, disseminando-se a partir do Rio de Janeiro nas décadas de 1930 e 1940.

A produção musical brasileira assistiu ao nascimento da fonografia, que, a partir de 1902, passou a competir no mercado com a venda das partituras impressas, vigorosa desde o século XIX. A Casa Edison, do empresário Fred Figner, tornou-se o centro da produção fonográfica no Rio de Janeiro, disseminando uma nova experiência musical: a música ouvida através do fonógrafo. Os lundus, choros e maxixes – estilos musicais que faziam sucesso desde o final do Império, consagrando compositores como Chiquinha Gonzaga e Ernesto Nazareth – ganhavam registros em gravações sonoras que popularizavam novos astros, como Baiano, Mário Pinheiro e Eduardo das Neves. Um dos letristas de maior fama da época era Catulo da Paixão Cearense, que chegou com 17 anos de idade ao Rio de Janeiro, onde fez sua carreira musical. Sua trajetória artística sinaliza a tentativa de dotar a música popular de algum prestígio nos meios intelectuais, possibilitando um conjunto de diálogos entre o folclorismo dominante, a poesia culta de influência parnasiana e os gêneros que já faziam sucesso no mercado musical. Catulo, sozinho ou em parceria (por exemplo, com Anacleto de Medeiros ou João Pernambuco, grandes músicos da época), bancou vários sucessos dos primórdios da fonografia no Brasil, como *Rasga coração* (1907), *Cabocla di caxangá* (1913) e *Luar do sertão* (1914).

No campo da música erudita, o Instituto Nacional de Música abrigou um grupo de compositores que defendia um "nacionalismo musical" calcado na pesquisa folclórica como forma de produzir uma música erudita brasileira original. As obras de Alexandre Levy, Luciano Gallet e Alberto Nepomuceno são expressões desse projeto.

Foi Nepomuceno quem conseguiu desenvolver o projeto nacionalista na música erudita de maneira mais acabada. Desde 1895, compunha e apresentava canções eruditas em português, reagindo ao "italianismo" que dominava o *bel canto* no Brasil. Sua frase: "Não tem pátria um povo que não canta em sua língua", sintetiza esse projeto musical nacionalista antes mesmo de o modernismo tê-lo consagrado. Em 1904, sua "comédia lírica", *O garatuja*, incorporou os ritmos populares que faziam sucesso nas ruas do Rio de Janeiro, como a habanera, a polca, o tango, o maxixe e o lundu. O compositor foi diretor do prestigiado Instituto Nacional de Música por dez anos. Em 1908, durante sua gestão, organizou-se um recital de canções de Catulo da Paixão acompanhadas com violão, instrumento considerado menor e típico dos "capadócios", ou seja, de malandros, conforme os preconceitos das elites da época. Com esse evento, o axioma modernista estava anunciado: os compositores com formação e interesses eruditos precisavam do popular para fazer uma música culturalmente importante e original, e os compositores e músicos populares precisavam convencer as autoridades e as elites de que não eram malandros e boêmios sem talento.

O NASCIMENTO DO SAMBA

Como cantaram Caetano Veloso e Gilberto Gil, o "samba é o filho da dor e o pai do prazer". Como gênero musical urbano, o samba surgiu na Primeira República em meio ao processo de redefinição das identidades cultural e política das populações afrodescendentes que estavam saindo do cruel sistema escravista. Filho da dor, pois na memória do samba por muito tempo ecoaria o som e o lamento das senzalas. Pai do prazer, pois foi pelo samba, entre outros gêneros afro-brasileiros, que identidades negras e mestiças tentaram sublimar o passado doloroso e se afirmar em um presente que ainda lhes reservava um papel subalterno na sociedade.

A palavra *samba* surgiu gravada em disco pela primeira vez em 1917, com o famoso "Pelo telefone", composto por Donga e interpretado pelo cantor Baiano. A nossos ouvidos, o ritmo dessa canção é um pouco diferente do que hoje conhecemos como "samba"; a rigor, "Pelo telefone" se parece mais com o "maxixe", outro gênero praticado pelos músicos afrodescendentes, voltado para a dança a dois e não para o desfile de blocos carnavalescos.

O samba ganhou sua feição musical mais próxima daquilo que nossos ouvidos identificam como tal entre os anos 1930 e 1940, com direito a letras sobre malandragem, à batucada contagiante e a um coral de mulheres, as "pastoras", que lhe é típico. As escolas de samba, surgidas a partir de 1928, passaram a ter sua história intimamente ligada ao samba.

Em meio às visões exóticas e folcloricistas sobre o povo, que convivia com o racismo explícito, o samba se afirmou aos poucos como uma música mestiça e brasileira. Se nos primeiros anos de sua existência era perseguido pela polícia, que considerava "vadiagem" o fato de pessoas andarem com violão e pandeiro, sobretudo após o modernismo, o samba passou a ser cantado e decantado por vários intelectuais brancos. Nos anos 1930, o samba foi paulatinamente incorporado aos discursos culturais oficiais, até como prova de que as elites do "Brasil Novo" da Era Vargas supostamente já não eram as mesmas da "República Velha". No final dos anos 1930, o samba carioca foi alçado à condição de gênero musical brasileiro por excelência, expressão da ginga, da mestiçagem e da alegria.

▶ Clichês à parte, devemos dizer que as novas abordagens historiográficas vêm demonstrando que o samba não era tão perseguido assim durante a Primeira República, como acreditavam os estudiosos do assunto, nem deixou de ser objeto da crítica dos racistas a partir de 1930. De todo modo, a aceitação do samba como principal música do incipiente mercado fonográfico e radiofônico brasileiro e símbolo da "brasilidade" ajudou muitos sambistas oriundos das classes populares a mostrar sua arte e se afirmar socialmente. Foi o caso de José Barbosa da Silva, o Sinhô, Ismael Silva e Angenor de Oliveira, o Cartola. Nos anos 1930, vários compositores brancos assumiram o samba como meio de expressão musical legítima e autenticamente brasileira, dando novos contornos sociais e estéticos ao gênero.

Mais do que "refletir" uma determinada realidade social, o samba passou a abrigar, desde então, a utopia de um país racialmente integrado e de uma cultura brasileira popular, nacional e sofisticada, tudo a um só tempo. Foi assim que esse gênero musical, décadas mais tarde do seu surgimento, atrairia compositores geniais como Tom Jobim, João Gilberto, Paulinho da Viola e Chico Buarque de Holanda, entre outros.

Combinando melancolia e festa, memória da escravidão e utopia de liberdade, "negros" e "brancos", pobres e ricos, o samba sonhou um Brasil integrado que, talvez, nunca tenha existido de fato. Mas nem por isso deixou de nos moldar culturalmente, tocado nas avenidas onde os passistas driblam a gravidade ao som das enormes baterias, ou de maneira sussurrada, com um "banquinho e um violão", que nos faz introjetar no espírito a sua síncope dançante.

O cinema também se firmou no período. Ainda silenciosos, os filmes eram acompanhados frequentemente por pianistas que reproduziam ou criavam uma trilha musical para a ação na tela. A experiência do cinema no início do século XX se mesclava ao entretenimento circense e ao frenesi pela novidade técnica. Mas em meados da década de 1910, o cinema começou a desenvolver seus gêneros narrativos mais populares, como o melodrama ou a comédia, tornando-se a partir de então a grande diversão de massas do século XX.

Seja no meio rural, seja no meio urbano (ainda muito marcado pela memória da primeira geração de migrantes do campo para a cidade), a cultura popular da Primeira República pode ser vista como um momento de transição entre a cultura comunitária, de tradição oral e anônima, e a cultura de massa, autoral e cada vez mais industrializada.

A SEMANA DE ARTE MODERNA

A Semana de Arte Moderna de 1922 – evento ocorrido em São Paulo durante três dias (13, 15 e 17) de fevereiro daquele ano – costuma ser tomada por muitos estudiosos como um marco de ruptura na história da cultura brasileira, inaugurando o modernismo como movimento intelectual e artístico. Era como se depois daqueles três dias frenéticos que supostamente abalaram a "boa sociedade" paulistana, o Brasil amanhecesse diferente, mais "moderno" e mais "nacionalista", no plano cultural. Se 1930 marcou o fim da Primeira República no plano político, 1922 representou o colapso do regime e seus valores oligárquicos no plano cultural. Obviamente, essa perspectiva, construída inicialmente por intelectuais que se aproximaram do Estado varguista após o fim da Primeira República, deve ser problematizada.

A Semana de Arte Moderna de 1922 teve inegável repercussão social e seu impacto foi crescente na vida intelectual brasileira, à medida que os participantes do evento e os seguidores das diversas vertentes modernistas foram ganhando postos e prestígio nas burocracias culturais do Estado.

Basicamente, a famosa Semana foi um festival artístico bastante noticiado na imprensa local de São Paulo que reunia literatos, pintores, músicos e intelectuais com a pretensão de "atualizar" a arte e a cultura brasileira em relação ao restante do mundo. Diga-se, em relação à Europa, modelo de tradição, mas também de vanguarda na época. No Velho Continente, desde o começo do século XX, movimentos artísticos como o cubismo, futurismo, expressionismo, dadaísmo, entre outros, abalavam o gosto da burguesia, que começava a se desprender dos valores estéticos acadêmicos construídos ao longo do século XIX. O realismo como princípio narrativo, as regras de composição musical e pictórica, os temas obrigatórios para uma obra ser consagrada, enfim, todos os cânones, temáticos ou formais, eram questionados pelos movimentos de vanguarda. No Brasil, como diria Oswald de Andrade, um dos modernistas mais militantes, o "relógio cultural do Império" ainda marcava as horas. Exageros à parte, a frase de Oswald sintetiza o desconforto de alguns artistas e intelectuais com o academicismo reinante nas formas artísticas e com o descompromisso oligárquico em relação à cultura nacional e popular. Instituições coma a Escola Nacional de Belas Artes e a Acadêmica Brasileira de Letras, ambas sediadas no Rio de Janeiro, eram vistas como conservadoras em todos os sentidos, guardiães da arte convencional que deveria ser superada pelo "moderno". O objetivo da Semana era anunciar uma "boa-nova" estética. Ela começou a ser preparada em 1921 por Oswald de Andrade, Mário de Andrade e pelo pintor Di Cavalcanti, que conseguiram apoio de Graça Aranha, literato consagrado e membro fundador da ABL (Academia Brasileira de Letras). Paradoxalmente, Paulo Prado, membro da elite cafeicultora paulista, cujo gosto e atuação política eram criticados pelos modernistas, era o principal financiador da aventura. Aliás, durante a Primeira República, na ausência de uma política cultural mais vigorosa por parte do Estado, era comum que membros mais abastados da oligarquia financiassem artistas, promovendo saraus literários e encomendando pinturas.

O que se viu no Teatro Municipal de São Paulo foi uma mistura de manifestações artísticas diversas (exposição de pintura, concertos), palestras e performances poéticas. Tudo organizado com a vontade de provocar, "chocar a burguesia", como se dizia. E uma parte da burguesia paulista, efetivamente, se chocou. Menos pela absoluta novidade e ousadia estética dos artistas modernistas, e mais pelo excessivo conservadorismo estético dela própria.

A Semana começou com uma conferência de Graça Aranha, que se via como patrono dos jovens artistas modernistas, sobre a "Emoção Estética na Arte Moderna", uma confusa exposição sobre a falência dos critérios acadêmicos para definir o que é "belo", a influência do darwinismo e da Revolução Francesa no indivíduo, o espírito irônico da arte moderna, a absoluta liberdade individual na criação artística, para concluir que o "sujeito criador", livre das amarras do "passadismo", "entraria em comunhão cósmica a partir do prazer estético livre de preconceitos". Ufa! Enquanto Graça Aranha discorria sobre esses temas, Ernani Braga, pianista, tocava trechos musicais modernos ao lado de Ronald de Carvalho e Guilherme de Almeida, poetas de formação parnasiana, que liam suas poesias para a plateia. Guiomar Novaes, pianista consagrada, também executou peças musicais, ajudando a atrair o público. Apesar de tudo, a primeira noite da Semana terminou sem maiores polêmicas ou "emoções estéticas".

Na segunda noite, o clima se agitou. A conferência de Menotti del Picchia foi mais contundente na defesa do "futurismo", e a subida ao palco de Oswald e Mário de Andrade para declamar suas poesias foi acompanhada de sonoras vaias e apupos vindos da plateia. Dizem as crônicas que essas vaias foram combinadas com os estudantes amigos de Oswald para valorizar a intenção de "choque" e ruptura da Semana.

No último dia, as vaias foram ainda mais acaloradas, acompanhadas de ovos atirados ao palco, quando Heitor Villa-Lobos, de longe o artista com maior número de obras na Semana, executou suas peças.

No saguão do Teatro, cerca de 100 obras modernas, entre elas 20 quadros de Anita Malfatti, eram apresentadas ao público. Anita, pintora influenciada pelo expressionismo, mantinha o tom figurativo nos seus quadros, mas distorcia formas, proporções e abusava das cores, evitando as regras acadêmicas realistas. Sua exposição de 1917 já tinha rendido uma polêmica com Monteiro Lobato, que escreveu o famoso artigo "Paranoia ou mistificação", desancando a jovem pintora.

Ao fim daqueles três dias, a bandeira da arte moderna "futurista" ainda não estava fincada entre nós, mas a arte "passadista" já não estava mais imune a críticas. A vontade de futuro só cresceria nos anos seguintes. Mas para realizá-lo, era preciso "redescobrir o Brasil". Ou melhor, reinventar sua cultura.

MODERNISMOS

A historiografia e a crítica de arte que se debruçou sobre o modernismo estabeleceram uma cronologia que divide o movimento em uma fase "estética" (1922-1924) e uma fase "política" (1924-1928). Se a primeira fase foi marcada pela busca de uma expressão estética inovadora inspirada nas vanguardas artísticas europeias, mas ainda difusa em terras brasileiras, a segunda marcaria a confluência entre modernismo e nacionalismo, politizando definitivamente os grupos modernistas.

A partir de 1928, o modernismo perdeu sua convergência de interesses e se dividiu em várias tendências estéticas e ideológicas inconciliáveis. Nesse ano, Mário de Andrade, Oswald de Andrade e Menotti del Picchia, pais-fundadores do movimento, estavam em três trincheiras ideológicas diferentes, cada qual defendendo um legado modernista distinto. Mário de Andrade aprofundava sua reflexão sobre como fazer uma arte moderna no Brasil que não fosse mera cópia superficial das vanguardas europeias, e que conseguisse aproveitar a rica tradição popular do país, sobretudo no campo musical. Oswald de Andrade, com Tarsila do Amaral e Raul Bopp, fundou a corrente da "antropofagia", radicalizando os termos do *Manifesto Pau-Brasil* de 1924 ao buscar uma arte de ruptura estética e política, aproximando-se de posições socialistas mais radicais. Já Menotti del Picchia, com Cassiano Ricardo e um obscuro e ambicioso jornalista e literato chamado Plínio Salgado, fundaria o "verde-amarelismo", corrente mais conservadora e inclinada aos valores de direita. Os manifestos destes dois últimos grupos expressam suas diferenças ideológicas e estéticas. Enquanto os adeptos da "antropofagia cultural", de esquerda, defendiam as diferenças e os conflitos como essência da criação cultural, os modernistas de direita do "Grupo da Anta" defendiam a harmonização das matrizes culturais brasileiras, dentro da velha tradição do romantismo. Uma breve comparação dos manifestos permite verificar as diferenças de estilo e de visão sobre o que seria uma cultura brasileira. Enquanto o *Manifesto Antropófago* é mais irônico em relação a valores estéticos e religiosos, buscando sublinhar a cultura brasileira como resultado de um conflito permanente, o manifesto verde-amarelista, chamado *Nheengaçu Verde-Amarelo*, tem uma linguagem mais solene e tradicionalista, enfatizando a cultura brasileira como uma harmonização de contrários.

> Só a Antropofagia nos une. Socialmente. Economicamente. Filosoficamente.
> Única lei do mundo. Expressão mascarada de todos os individualismos, de todos os coletivismos. De todas as religiões. De todos os tratados de paz.
> Tupi, or not tupi that is the question.
> [...] Só me interessa o que não é meu. Lei do homem. Lei do antropófago.
> [...] Queremos a Revolução Caraíba. Maior que a Revolução Francesa. A unificação de todas as revoltas eficazes na direção do homem. Sem nós a Europa não teria sequer a sua pobre declaração dos direitos do homem.
> [...] Nunca fomos catequizados. Vivemos através de um direito sonâmbulo. Fizemos Cristo nascer na Bahia. Ou em Belém do Pará [...]. Antes dos portugueses descobrirem o Brasil, o Brasil tinha descoberto a felicidade.

Contra o índio de tocheiro. O índio filho de Maria, afilhado de Catarina de Médicis e genro de D. Antônio de Mariz. A alegria é a prova dos nove.

(*Manifesto Antropófago*, 1928)

O tapuia isolou-se na selva, para viver; e foi morto pelos arcabuzes e pelas flechas inimigas. O tupi socializou-se sem temor da morte; e ficou eternizado no sangue da nossa raça. O tapuia é morto, o tupi é vivo. [...] Todas as formas do jacobinismo na América são tapuias. O nacionalismo sadio, de grande finalidade histórica, de predestinação humana, esse é forçosamente tupi.

A Nação é uma resultante de agentes históricos. O índio, o negro, o espadachim, o jesuíta, o tropeiro, o poeta, o fazendeiro, o político, o holandês, o português, o índio, o francês, os rios, as montanhas, a mineração, a pecuária, a agricultura, o sol, as léguas imensas, o Cruzeiro do Sul, o café, a literatura francesa, as políticas inglesa e americana, os oito milhões de quilômetros quadrados...

Temos de aceitar todos esses fatores, ou destruir a Nacionalidade, pelo estabelecimento de distinções, pelo desmembramento nuclear da ideia que dela formamos.

Como aceitar todos esses fatores? Não concedendo predominância a nenhum.

(*Nheengaçu Verde-Amarelo*, Grupo da Anta, 1929)

Boa parte das proposições, obras e polêmicas modernistas foram expressas por revistas que surgiram depois de 1922: *Klaxon* (1922); *Terra Roxa e outras terras* (jan.-set. 1926); *Revista do Brasil* (setembro de 1926 a janeiro de 1927), *Verde* (1927), *Antropofagia* (1928-1929), *Festa* (1927-1929), *Novíssima* (julho 1925 a janeiro de 1926). As revistas modernistas tiveram vida curta, mas marcaram época na construção das polêmicas e na afirmação do espírito de grupo de diversas facções do movimento. Nelas, os artistas procuravam explicar suas obras e intenções estéticas para os outros artistas e críticos de arte, formando uma rede de leituras que, na época, era importante para disseminar um movimento artístico-cultural.

O modernismo brasileiro, portanto, é plural e deve ser mais apropriadamente chamado de "modernismos". Em comum às várias correntes, havia a tentativa de superar o impasse do intelectual do pós-Primeira Guerra no Brasil, que estava dividido entre se isolar na "torre de marfim" da literatura desinteressada e distante dos problemas do mundo real, e o espírito missionário para mudar a realidade nacional, ou seja, usar a arte para interferir na política, sociedade e na cultura brasileiras.

Essa nova missão pedagógica assumida por intelectuais e artistas modernistas tornava-se mais explícita na medida em que as obras e as reflexões iam se afirmando em meio a um debate público, mas ainda sem influenciar as políticas culturais do Estado. Termos como "moderno", "nacional" e "popular" iam ganhando novos sentidos, servindo de base conceitual para os projetos de "desaristocratizar" a cultura, como escreveu Antonio Candido. Mas a jornada parecia longa e difícil. Era preciso superar categorias que mais prejudicavam do que ajudavam a entender a "realidade brasileira", posto que se mesclavam a preconceitos ligados a questões de "raça", "meio" ou "mestiçagem degenerativa". No lugar destas visões, os modernistas defendiam a invenção de "uma nova cultura brasileira", que conciliasse a tradição popular imemorial com a novidade estética das vanguardas. Para eles, a cultura, devidamente reformada, seria a verdadeira saída para todos os impasses e a cura para os males nacionais. Cada vez mais distantes do pessimismo intelectual dos primeiros anos da República, os modernistas propunham uma atitude afirmativa e entusiasmada na criação de novos valores estéticos e culturais, a partir de uma ação pedagógica que não visava apenas educar as massas, mas também reeducar as elites sobre as "coisas do Brasil", não só através da arte em si que produziam, mas ocupando também eles próprios cargos na burocracia cultural dos diversos níveis do poder público e publicando matérias em jornais e revistas.

Não por acaso, quando veio a Revolução de 1930, que prometia varrer os "políticos carcomidos" do comando do Estado brasileiro, muitos intelectuais modernistas se entusiasmaram, alguns até se engajaram nas novas burocracias culturais criadas por Getúlio Vargas, como o Ministério da Educação e certos museus e institutos, como veremos mais adiante. A partir daí, o governo federal incorporaria alguns ideais modernistas e assumiria um novo papel que envolvia a construção de um ideal de "brasilidade", mais homogêneo e integrado, com o objetivo de superar os regionalismos que imperavam na Primeira República.

A roda da história quer girar mais rápido: a crise dos anos 1920

AGITAÇÕES POLÍTICAS NO COMEÇO DA DÉCADA DE 1920

Apesar dos conflitos políticos e sociais que sacudiam a República desde a sua implantação, as várias facções oligárquicas, a partir de suas bases políticas estaduais, mantinham o controle do Estado brasileiro. Os partidos republicanos regionais mais fortes, por elas controlados, eram o eixo do poder político da Primeira República. As poucas tentativas de criação de partidos políticos de abrangência nacional, como o Partido Republicano Federal (1893-1898) e o Partido Republicano Conservador (criado em 1910), não conseguiram mudar esse eixo oligárquico-regionalista da política brasileira que submetia a União aos interesses das principais oligarquias estaduais, tendo São Paulo e Minas Gerais como epicentros de arranjos que envolviam as elites baianas, pernambucanas, cariocas e gaúchas como protagonistas importantes.

Entretanto, desde a década de 1910, sobretudo entre militares, intelectuais e membros das classes médias das capitais, crescia a insatisfação com esse modelo de política que enfraquecia a União e, consequentemente, o desenvolvimento da sociedade e da economia do Brasil em sua totalidade. Mais radicais ainda eram as críticas do movimento operário que crescia, sobretudo, em São Paulo contra não apenas a política oligárquica, mas também contra o capitalismo e a superexploração do trabalho em fábricas e lavouras.

As disputas eleitorais eventualmente acirradas e as articulações políticas entre os candidatos sustentados pelos setores das oligarquias estaduais não mudavam a essência liberal-oligárquica da política brasileira e do poder central. Porém, em que pese a blindagem das oligarquias contra atores e movimentos políticos que pudessem ameaçar a sua hegemonia, o final da Primeira Guerra Mundial demarcaria uma nova fase na história da Primeira República. A década de 1920 veria a crise final do regime.

Na sucessão de Epitácio Pessoa, São Paulo e Minas Gerais se uniram lançando a candidatura de Artur Bernardes, político mineiro que era particularmente odiado pelos militares. Correu o boato de que Artur Bernardes planejava extinguir o Exército brasileiro, caso eleito. Até cartas falsas, atribuídas ao candidato, foram publicadas nos jornais em outubro de 1921, nas quais ele, supostamente, fazia críticas a Hermes da Fonseca e a todos os militares. Para complicar a situação, o marechal Hermes da Fonseca, ex-presidente da República, era diretor do Clube Militar desde maio de 1921. Mesmo comprovada a falsidade das cartas, a imagem do candidato já estava comprometida junto aos quartéis.

Por trás desse episódio típico de intrigas palacianas, havia a crescente insatisfação dos militares com as bases da política oligárquica e com o fato de o Estado brasileiro lhes parecer um "condomínio de fazendeiros". Entretanto, as maiores lideranças do Exército, como o próprio Hermes da Fonseca, não tinham um projeto político alternativo muito claro e delineado, limitando-se a fazer críticas de ordem moral à atuação das oligarquias e aos políticos, às fraudes eleitorais e às negociatas para ocupar os cargos públicos. O Exército, que se arvorava como "fundador da República", se sentia desprestigiado no jogo político nacional das elites civis. Nos quartéis, alimentava-se a visão de que os políticos civis eram corruptos e só tinham olhos para os seus estados de origem, negligenciando a consolidação de uma política nacional forte, capaz de modernizar todo o Brasil.

A publicação dos livros de Alberto Torres, *O problema nacional brasileiro* (1912) e *A organização nacional* (1914), como vimos, causou forte impacto e forneceu argumentos para aqueles que defendiam um Estado forte e interventor, capaz de mediar os conflitos sociais e subordinar o regionalismo aos interesses da nação brasileira. Torres era um intelectual republicano já nos tempos do Império, que fora ministro do Interior e membro do Supremo Tribunal Federal (STF), mas estava desiludido com as elites liberais oligárquicas que dominavam a República. O projeto político que apresentou de maneira sistemática e organizada em seus livros passou a ser encampado cada vez mais pelos militares, que se viam como os únicos atores políticos capazes de levá-lo adiante.

Entre os setores civis, a candidatura "café com leite" de Bernardes também encontrou forte oposição. Para se contrapor a ela, os opositores lançaram a "Reação Republicana", apoiada por Rio de Janeiro, Bahia, Pernambuco e Rio Grande do Sul, apresentando como candidato Nilo Peçanha, político muito popular no estado do Rio de Janeiro. O programa desses oposicionistas defendia o fortalecimento das Forças Armadas e a autonomia ao Poder Legislativo em relação à presidência da República. Eles também não se esqueceram dos operários, em processo crescente de organização sindical e luta por melhores condições de trabalho, e propuseram a criação de alguns direitos sociais que protegessem esses trabalhadores. Vale lembrar que as jornadas de trabalho eram longuíssimas, com mais de 12 horas de turno nas fábricas, onde não havia descanso semanal ou férias remuneradas.

Na eleição realizada em março de 1922, o candidato situacionista, Arthur Bernardes, saiu vitorioso. Como sempre, os resultados eleitorais haviam sido fraudados. O Clube Militar questionou formalmente os resultados da eleição, propondo um Tribunal de Honra para recontar os votos e definir o resultado. O Congresso Nacional, dominado pela presidência da República, não aceitou a proposta.

Temendo um levante militar, o presidente Epitácio Pessoa transferiu oficiais, fechou o Clube Militar e prendeu o ex-presidente Hermes da Fonseca em julho de 1922. Assim, antes mesmo de se iniciar a presidência de Bernardes, as iniciativas do governo pareciam confirmar as piores suspeitas dos militares de que o Exército brasileiro poderia vir a ser extinto. A reação foi imediata com o início de um movimento que ficaria conhecido como "tenentismo".

Em 5 de julho de 1922, dias antes da posse de Bernardes, algumas guarnições do Rio de Janeiro se sublevaram contra a prisão de Hermes e contra o fechamento do Clube Militar. Apesar de muita agitação inicial, um ou outro tiroteio entre militares rebeldes e legalistas, apenas 17 soldados que estavam no Forte de Copacabana resolveram efetivamente partir para a luta aberta contra as forças governistas, dispostos a chegar ao Palácio do Catete (sede do governo) ou morrer tentando. Em sua marcha pela avenida Atlântica, ganharam o apoio apenas de um civil. Os "18 do Forte", como seriam chamados posteriormente, foram sendo abatidos a tiros ou presos um a um. O levante foi facilmente derrotado, mas se consagrou na memória dos militares como o marco zero do tenentismo.

Bernardes tomou posse sob estado de sítio, situação que suspendia as "garantias constitucionais" para os cidadãos, que seria mantido até novembro de 1923. Os dias agitados do começo da República pareciam estar de volta à cena.

Os "tenentes" simpatizantes do novo movimento eram jovens oficiais rebeldes, e defendiam o Exército como "salvador da Pátria", dentro da ideologia nacionalista e patriótica então muito forte nos quartéis. Mas não contavam com apoio de boa parte dos coronéis e generais, sempre sujeitos a perder seus cargos de comando e, portanto, mais fiéis ao governo que os nomeara.

No Sul, desde janeiro de 1923, as facções da elite gaúcha mais uma vez lutavam entre si, fazendo voltar o fantasma da sangrenta Revolução Federalista do final do século XIX. O nome pomposo que esta nova guerra entre as facções sulistas ganhou, Revolução Libertadora, esconde na verdade um motivo prosaico: impedir a quarta posse consecutiva de Borges de Medeiros, presidente do Rio Grande do Sul. Borges de Medeiros era alinhado com os grupos positivistas partidários de uma "ditadura republicana". O grupo que lhe opunha era liderado por Assis Brasil, partidário do federalismo de inclinação mais liberal, que foi derrotado por Medeiros nas eleições estaduais. Muitos estancieiros (como eram chamados os grandes fazendeiros do estado), descontentes com o governo estadual gaúcho, o apoiaram. A elite gaúcha então se dividiu entre os *chimangos* (partidários de Borges de Medeiros) e *maragatos* (partidários de Assis Brasil). Lutando ao lado de Medeiros, estava Getúlio Vargas (nome que iria marcar a história brasileira a partir de 1930).

Frustrados com a falta de apoio militar de Artur Bernardes, os maragatos resolveram negociar um tratado de paz, mediado pelo governo federal. Pelo acordo, aceitaram finalmente a quarta posse de Medeiros, e em troca, conseguiram que a Constituição gaúcha fosse reformada, impedindo a quinta reeleição do velho caudilho. Contudo, quando Medeiros deixou o governo estadual, em 1928, conseguiu eleger seu melhor discípulo: Getúlio Vargas.

Com o Sul pacificado, e com os militares revoltosos dispersos, presos ou mortos, o governo julgou que a política brasileira voltaria ao monótono jogo parlamentar entre governo e oposição, com o primeiro dando as cartas.

Porém, além da insatisfação nos quartéis e das indefectíveis disputas entre grupos oligárquicos, a Primeira República tinha um grupo opositor contundente, que não se contentava em questionar os resultados desta ou daquela eleição: o movimento operário. O ponto comum entre todas as tendências e grupos que formavam esse movimento era o objetivo de construir uma outra sociedade, baseada na igualdade, governada pelos próprios trabalhadores.

"QUESTÃO SOCIAL" E O MOVIMENTO OPERÁRIO

A famosa frase "a questão social é um caso de polícia", atribuída a Washington Luís quando ainda era candidato ao governo de São Paulo em 1920, aparece em muitos livros como uma espécie de *slogan* da Primeira República no trato dos conflitos sociais mais sérios. Na verdade, ele não formulou a frase exatamente nesses termos. Ao apresentar sua plataforma ao governo estadual de São Paulo, em janeiro de 1920, afirmara: "a agitação operária é uma questão que interessa mais à ordem pública do que à ordem social".

Dito ou não dito, dessa ou daquela maneira, o fato é que, na prática política da Primeira República a questão social era mesmo tratada como um caso de polícia. Líderes sindicais eram presos, e muitas vezes torturados por policiais. Greves e manifestações eram reprimidas com excessiva violência policial. Gráficas que imprimiam os jornais operários acabavam invadidas e depredadas.

Contudo, na época, também havia políticos que – percebendo que só a repressão não seria suficiente para controlar a agitação operária – chegavam a propor a criação de uma legislação trabalhista que garantisse alguns direitos aos trabalhadores, como férias, menores jornadas de trabalhos e descanso semanal. De fato, havia uma percepção generalizada, mesmo entre membros das elites, de que o trabalhador no Brasil era tratado como um cidadão inferior, sem remuneração suficiente para viver uma vida digna e submetido a altas jornadas de trabalho nas fábricas. Vale lembrar que, no setor rural, as condições de trabalho e exploração eram ainda piores, com camponeses e trabalhadores rurais vivendo no limite da sobrevivência, sem acesso a escolas, hospitais ou moradias minimamente dignas, muito próximos da vida cotidiana dos escravos dos tempos do Império. Algumas organizações socialistas, desde fins do século XIX, apresentavam propostas para melhorar a condições dos trabalhadores, mas tinham pouca força política. Nas eleições, um ou outro líder socialista apoiava taticamente uma candidatura mais progressista, como no caso do deputado federal e prefeito de Vassouras (RJ), Maurício de Lacerda, que apoiou Nilo Peçanha para a presidência.

Os jovens militares tenentistas se preocupavam com a "questão social" e até simpatizavam com algumas reivindicações operárias, mas não estavam dispostos a incorporar o movimento operário em suas rebeliões. Para os tenentistas, a "revolução" que pretendiam fazer no país deveria ser obra de militares patrióticos, e não de operários que poderiam subverter a ordem social e a união nacional com suas ideias anarquistas e socialistas.

Com efeito, as lutas e os projetos que motivavam a "agitação operária" eram de outra natureza, mais radical. Neles, questionava-se também a propriedade privada e a desigualdade de renda.

No final dos anos 1910, o movimento operário ganhou muito destaque na sociedade e na imprensa. Mas as lutas operárias no Brasil começaram bem antes: não podemos esquecer as lutas de operários brasileiros negros e mulatos, muitos deles ex-escravos, travadas desde o fim do século XIX. Os trabalhadores dos principais portos brasileiros, como Rio de Janeiro e Santos, organizaram greves historicamente importantes. Portanto, é preciso tomar cuidado com o mito historiográfico que considera a imigração e o anarcossindicalismo trazido pelos imigrantes (italianos e espanhóis, principalmente) como os responsáveis pelo "nascimento das lutas operárias organizadas no Brasil". Contudo, é inegável que os imigrantes europeus deram força para um movimento operário mais radical e combativo.

Como vimos, os capitais gerados pelo café e a necessidade do governo de promover superávits na balança comercial para pagar os juros da dívida externa acabaram por estimular o crescimento do parque industrial paulista, sobretudo no setor de bens não duráveis. Com ele, cresceu a oferta de empregos para os imigrantes que chegavam à cidade de São Paulo em massa engrossando significativamente a classe operária.

A ideologia anarcossindicalista dava o tom hegemônico das organizações sindicais operárias brasileiras do começo do século XX. Trazendo para o Brasil palavras de ordem nascidas na Europa em meados do século XIX, os anarquistas concebiam a futura sociedade governada por uma federação de sindicatos de trabalhadores, sem patrões, propriedade privada ou Estado. As lutas cotidianas e as greves parciais dos operários deveriam convergir para a sonhada "greve geral", que, na visão dos líderes anarquistas, seria uma espécie de apocalipse do sistema capitalista. O raciocínio dos dirigentes e ideólogos anarquistas era simples e direto: se os operários são a maioria esmagadora da sociedade capitalista, basta terem "consciência de classe", organização política e objetivos claros que a futura sociedade revolucionária virá, uma hora ou outra. Mas é claro que o governo, as elites oligárquicas, os burgueses da indústria, as classes médias, as instituições tradicionais, como a Igreja Católica, não estavam dispostos a capitular tão facilmente e tinham muito poder e instrumentos, sobretudo jurídicos e policiais, para reprimir os operários e seus sindicatos.

Em 1906, surgiu a Confederação Operária Brasileira (COB). Em 1907, a cidade de São Paulo conheceu a primeira grande greve operária de sua história. A data de Primeiro de Maio, consagrada mundialmente em homenagem aos operários mortos pela polícia em 1886 durante uma manifestação nos Estados Unidos, era um momento especial para o movimento operário que a comemorava em várias cidades do mundo com grandes comícios e paralisações (quase sempre reprimidos com muita violência policial). No Brasil, ocorria o mesmo.

Além da força dos sindicatos, os anarquistas apostavam no trabalho de educação e conscientização dos indivíduos que formavam a classe operária feito através da imprensa. Em várias cidades brasileiras, circulavam jornais anarquistas (muitos deles escritos em italiano): *Avanti* (1901), *O Libertário* (1904), *Terra Livre* (1905), *A Voz do Trabalhador* (órgão oficial do COB), *A Plebe* (1917), *Germinal*. Nas suas páginas, nomes como Edgar Leuenroth, Everardo Dias, José Oiticica, Neno Vasco, entre outros, despontavam como lideranças operárias, sempre visadas pela repressão policial.

Ao longo da Primeira Guerra Mundial, cresceu a classe operária e, com ela, a própria agitação sindical. Entre 1917 e 1920, houve no Brasil um importante ciclo de greves operárias.

A GRANDE GREVE DE 1917

Além da crise econômica causada pela Grande Guerra e as reivindicações clássicas que havia muito ocupavam a pauta operária – jornada de 8 horas, melhores condições de trabalho, fim do trabalho de crianças e mulheres, descanso semanal –, o estopim da Greve de 1917 foi a luta contra o imposto "pró-Pátria" (campanha de ajuda financeira à Itália que estava envolvida na guerra) que alguns industriais italianos impuseram aos trabalhadores de suas fábricas.

A greve teve início nas fábricas têxteis do Ipiranga e da Mooca, bairros operários paulistanos, e se espalharam pela cidade de São Paulo, durante cerca de um mês. Em um dos inúmeros conflitos de rua, sempre reprimidos pela polícia e pela Força Pública, morreu o sapateiro espanhol Antonio Martinez, de 21 anos, que se tornaria um símbolo da luta dos trabalhadores e um dos primeiros mártires da causa operária brasileira. Calcula-se que, em meados de julho, cerca de 45 mil operários estavam paralisados em dezenas de fábricas. Mas o que parecia um movimento forte e coeso enfrentava problemas de organização interna. O Comitê de Defesa Proletária não conseguiu se transformar em porta-voz dos operários, que negociavam de maneira fragmentada com os industriais, sempre sob a espada do Estado e seu aparato repressivo. O governo, pautado pelo libe-

▶

▶ ralismo oligárquico de suas elites dirigentes, justificava sua recusa em mediar os conflitos entre patrões e empregados por ser um problema que envolvia a quebra de um contrato privado por parte dos grevistas, mas na verdade não hesitava em mandar a polícia contra os trabalhadores.

Apesar de minoritário dentro do contingente de trabalhadores brasileiros, em sua maior parte ainda ligados ao setor agrário, o radicalismo da classe operária fez com que a "questão social" passasse a ser debatida na política brasileira. Embora tenham sido poucas as conquistas efetivas, a greve generalizada de 1917 preocupou a burguesia paulistana em ascensão.

Lembremos que no final de 1917, no Império Russo, predominantemente agrário, dominado por uma monarquia que parecia inabalável, a relativamente pequena classe operária tomou o poder sob a liderança dos bolcheviques e fez a primeira revolução socialista bem-sucedida da História. O que parecia uma utopia distante tornava-se, subitamente, uma realidade histórica concreta, animando a luta revolucionária operária no mundo todo.

O sucesso da Revolução Russa, no final de 1917, fez com que parte das lideranças do movimento operário brasileiro, ainda predominantemente anarquistas, repensasse suas estratégias de luta. As notícias que chegavam da Rússia no final de 1917 não eram muito claras, pouco se sabia sobre o Partido Bolchevique liderado por Vladimir Lenin, que tinha se apoiado nos *sovietes* (conselhos) de "operários, soldados e camponeses" para tomar o poder. O modelo de "insurreição" e conquista do Estado que tinha dado certo na Rússia foi incorporado por parte das lideranças operárias brasileiras, tendo como epicentro o Rio de Janeiro, capital da República. Para essas lideranças, antes de acabar com o Estado, como defendia o anarquismo, era preciso tomá-lo, tal como os operários russos fizeram, instaurando uma "ditadura do proletariado" que acabasse com a propriedade privada e implantasse o socialismo. Seguindo esse modelo, em meio a um conjunto de greves operárias, alguns militantes do movimento operário carioca (José Oiticica, Astrojildo Pereira, Carlos Dias, Ricardo Perpétua, José Elias da Silva, João da Costa Pimenta) planejaram um levante que deveria tomar conta da capital da República, e, na sequência, do país inteiro. Esperavam contar com o apoio de soldados do Exército que em greves anteriores tinham demonstrado certa simpatia pela causa operária. Afinal, a base social das baixas patentes do Exército era a mesma dos operários, ambos eram recrutados nos setores mais pobres da sociedade.

Mas o plano de insurreição não deu certo. A polícia carioca já estava sabendo do levante, marcado para o dia 18 de novembro. As lutas se resumiram a um confronto mais sério no bairro de São Cristóvão, rapidamente vencido pelas forças do governo.

Os acontecimentos de 1917 e 1918 demonstravam que as expectativas dos trabalhadores se intensificavam, estimuladas pela conjuntura revolucionária internacional. Foi nesse momento que cresceu o debate entre as elites políticas tradicionais sobre a necessidade de uma legislação protecionista para os operários. Mas tal debate não gerou resultados muito concretos. Por sua vez, o governo respondeu com mais repressão policial. Muitas lideranças anarquistas estrangeiras foram expulsas do país e a vigilância sobre as organizações sindicais ficou ainda mais acirrada.

Alguns líderes operários e sindicais avaliaram que as greves pareciam se esgotar sem grandes resultados, vencidas pela repressão; crescia o número dos que passaram a defender a criação de um partido operário que conduzisse as lutas da classe operária de maneira centralizada, impondo de cima para baixo as estratégias de organização e luta.

A CRIAÇÃO DO PARTIDO COMUNISTA DO BRASIL NA DÉCADA DE 1920

O cerco às organizações sindicais e a dificuldade das lideranças e sindicatos anarcossindicalistas em coordenar uma ação conjunta entre si diante do recrudescimento da repressão do governo, além do triunfo da Revolução Russa de 1917, tiveram grande impacto sobre algumas lideranças operárias. Em março de 1922, um manifesto assinado por anarquistas como Edgard Leuenroth, Antonio Domingues, Antônio Cordon Filho, Emílio Martins, João Peres, José Rodrigues, João Penteado, Rodolfo Felippe e Ricardo Cippola reconhecia que a linha política libertária (ou seja, de inspiração anarquista), até então dominante no movimento, não apresentava "um resultado correspondente à enorme soma de esforços e sacrifícios". Para eles, isso se devia à falta de uma ação metódica, de mais propaganda e de organização. Os signatários se autodenominavam "anarquistas-comunistas revolucionários".

Em meio a esse debate autocrítico, foi fundado no mesmo mês o Partido Comunista do Brasil (PCB). Não por acaso, entre os fundadores do PCB constam os nomes de intelectuais e operários que haviam militado no anarquismo, como Abílio de Nequete (eleito secretário-geral), Astrojildo Pereira (que mais tarde também seria eleito para o cargo de secretário-geral), Otávio Brandão, João da Costa Pimenta, Everardo Dias, entre outros. A influência da Revolução Russa e dos princípios teóricos e organizativos bolcheviques era clara e patente. Logo no seu I Congresso, o PCB demonstrava sua intenção de participar da Internacional Comunista (ou III Internacional), órgão fundado em 1919 sediado em Moscou com o objetivo de organizar e aglutinar os partidos comunistas em todo o mundo. Para ser aceito como membro da Internacional Comunista, o novo partido precisava afirmar suas diferenças em relação a anarquistas e socialistas. Em relação aos primeiros, os comunistas diferiam na defesa da existência de um partido único, centralizado e disciplinado (ao contrário do princípio da autonomia e descentralização de sindicatos e federações, caro ao anarcossindicalismo) e na questão da necessidade de manter o Estado depois da Revolução, para a construção do comunismo, desde que governado pela "ditadura do proletariado" e não pelos representantes da burguesia ou das oligarquias rurais tradicionais. Em relação aos socialistas, os comunistas criticavam o princípio de uma transição gradual, pacífica e democrática para o socialismo, através da conquista do Estado pelo voto dos operários e trabalhadores em geral, sem a necessidade da ruptura revolucionária violenta com a sociedade capitalista ou da "ditadura do proletariado".

A partir da fundação do PCB, o movimento operário brasileiro ficaria dividido entre anarquistas e comunistas, com relativo predomínio dos primeiros até meados dos anos 1930. Já os socialistas-democráticos não conseguiram se organizar de forma partidária, permanecendo politicamente isolados no movimento operário brasileiro, com simpatizantes restritos a alguns intelectuais.

Depois de 1930, enquanto anarquistas e comunistas disputavam as bases sindicais do operariado, o Estado brasileiro começou a patrocinar a criação de sindicatos oficiais controlados pelo Ministério do Trabalho, criado em 1931, como veremos mais adiante.

O PCB demorou mais um ano até ser aceito como uma "Seção da III Internacional". Entre os critérios de aceitação estavam: ter unidade e disciplina de ação, defender a "ditadura do proletariado", não questionar as decisões da Internacional, expulsar os "dissidentes" (mesmo simpáticos ao socialismo "genérico") e controlar as suas "células" nas bases operárias. Com relação ao PCB, a Internacional suspeitava da presença de muitos militantes e dirigentes que, no fundo, continuavam mais fiéis ao anarquismo do que ao bolchevismo. Outra exigência da Internacional era que os partidos comunistas estivessem preparados para atuar também de forma clandestina, não restringindo suas ações aos momentos de legalidade e liberdade de ação. Este último princípio organizativo acabaria se revelando importante para explicar por que, entre tantas organizações existentes, o PCB resistiu melhor à repressão do governo contra o movimento operário, muito intensa nos anos 1920.

Apesar de ser um partido pequeno, com menos de 100 militantes no território brasileiro, o PCB chamou a atenção das autoridades e foi colocado na ilegalidade três meses após sua fundação. Nem por isso deixou de disputar a hegemonia nos sindicatos operários com os anarquistas. Para os comunistas, os sindicatos deveriam atuar sob o comando do partido e seu Comitê Central, exatamente o contrário do que pensavam os anarquistas, que insistiam na autonomia de sindicatos e organizações de base operária.

Os comunistas do PCB entendiam que a economia brasileira era um produto da divisão entre interesses "agraristas e semifeudais" dos oligarcas latifundiários, apoiados, supostamente, pelo capitalismo inglês, e interesses "industrialistas" da nascente burguesia, apoiada pelos norte-americanos. Nessa visão, a situação política do Brasil era tida como "semicolonial", ou seja, um país falsamente independente, totalmente controlado pelos "imperialistas" com apoio dos seus aliados internos. Portanto, era preciso realizar uma "revolução nacional" para libertar o país do imperialismo capitalista. Esse modelo de análise era adaptado das teorias em voga na época, defendidas pelos dirigentes da Internacional Comunista e aplicado a vários países da Ásia e da América do Sul.

Em que pese o dogmatismo de ideias e doutrinas defendidas pelo PCB, ele conseguiu se afirmar como opção política entre as lideranças e sindicatos da classe operária. Em 1927, ele voltou a ser legal, passando a atuar de maneira mais livre em sindicatos e fábricas e participando das eleições legislativas com o nome de Bloco Operário, no ano seguinte transformado em BOC (Bloco Operário e Camponês). O partido conseguiu eleger três parlamentares. Mas o período de legalidade durou pouco.

Em agosto de 1927, o governo promulgou a Lei Celerada, uma dura lei de controle de movimentos políticos e sociais de contestação ao regime, especialmente voltada para a repressão do movimento operário. Nos termos dessa legislação, agremiações políticas que atentassem contra a "ordem pública" ou promovessem greves poderiam ser fechadas, tendo seus jornais e revistas proibidos e seus dirigentes presos. Como ela atingiu, sobretudo, as lideranças anarquistas, mais dispersas e isoladas, acabou, paradoxalmente, por favorecer o crescimento dos comunistas dentro dos sindicatos, que ocuparam os espaços dos antigos líderes presos e afastados.

Tentando buscar aliados que o ajudassem a lutar contra esse novo quadro repressivo, o PCB decidiu que era preciso se aproximar dos "tenentes rebeldes", até então vistos como meros "reformistas moderados" que não defendiam, de fato, a classe operária e os camponeses.

Mas qual era o projeto ideológico dos jovens militares rebeldes? O que efetivamente queriam com suas sucessivas rebeliões que agitaram os anos 1920?

"O MOVIMENTO DOS TENENTES"

Depois da Revolta do Forte de Copacabana, em julho de 1922, o Brasil permaneceu sob estado de sítio, uma prerrogativa legal do governo que lhe permitia aumentar a ação repressiva da polícia e do Exército para agir contra dissidentes, impedindo reuniões e comícios, procurando com isso esvaziar o espaço público de qualquer ação de contestação ao regime político. Artur Bernardes revogou o estado de sítio no final de 1923, e o clima político parecia se normalizar. Mas os "tenentes" não estavam dispostos a se dispersar.

Apesar da derrota de 1922, os militares críticos ao governo continuavam acreditando que o Exército deveria "salvar" a nação brasileira do liberalismo elitista e oligárquico, e passaram a se organizar para uma "segunda revolta" tenentista. Escolheram o mesmo dia 5 de julho de 1924 em homenagem aos revoltosos do Forte de Copacabana. Nessa data, os quartéis da cidade de São Paulo se rebelaram e tomaram vários locais estratégicos da cidade, obrigando o presidente estadual (como era nomeado o governador), Carlos de Campos, a se retirar com as tropas legalistas.

1924: BOMBAS SOBRE SÃO PAULO!

Durante 23 dias, a cidade de São Paulo foi governada pelos tenentes – sob o comando do general Isidoro Dias Lopes, com mediação do prefeito e da Associação Comercial de São Paulo – que tentavam organizar a administração perante a situação caótica que afetou o cotidiano da cidade. Calcula-se que entre 100 e 200 mil pessoas teriam fugido para o interior (de um total de 700 mil habitantes). O êxodo da população foi causado, sobretudo, pelos intensos bombardeios realizados pelas tropas legalistas contra os bairros operários da cidade, Brás, Mooca e Perdizes, quando morreram boa parte das 500 vítimas fatais da revolta. O bombardeio também era um "recado" aos operários, cujas lideranças anarquistas tentavam organizar um comitê para apoiar o levante dos militares e atribuir um caráter socialista à rebelião. Os tenentes rebelados em São Paulo recusaram essa ajuda, pois temiam perder o controle da situação política e não tinham nenhuma intenção de subverter a ordem social, permitindo que o operariado se tornasse o protagonista principal da revolta.

Casa bombardeada no bairro operário do Brás,
durante a Revolução de 1924.

Os militares também se revoltaram em outros estados, como Sergipe, Rio Grande do Sul e Amazonas. Neste último, instaurou-se a Comuna de Manaus, grupo que durante um mês implantou um governo local muito próximo de um socialismo de matiz nacionalista, com imposição de impostos aos mais ricos, confiscos de bens bancários e cobrança de impostos atrasados de empresas inglesas. As experiências de governo urbano em Manaus ou São Paulo, conduzidas pelos tenentes revoltosos, duraram menos de um mês.

Em linhas gerais, os militares não tinham um projeto político muito bem delineado. Assustaram as elites oligárquicas, mas não tiveram um apoio efetivo das massas operárias. Os tenentes rebeldes eram marcados pelo ideal de "salvacionismo" militar que não tinha simpatia pelo apoio civil em suas rebeliões, ainda mais vinda de operários radicais. Nessa linha de pensamento, a revolução era uma tarefa para militares "profissionais e patrióticos". E só.

Expulsos das capitais pela ação repressiva das autoridades governamentais, os revoltosos se espalharam em várias colunas pelo interior do Brasil, ocupando pequenas e médias cidades e combatendo as forças legalistas. O grupo que saiu da capital paulista sofreu uma grande derrota em Mato Grosso. No começo de 1925, os sobreviventes da coluna paulista rumaram para o Sul do país, para se juntar a uma coluna comandada pelo capitão Luís Carlos Prestes, que havia se revoltado em Santo Ângelo (RS) no final de julho de 1924. Era o começo da aventura da Coluna Prestes, a maior saga tenentista da História do Brasil.

Durante mais de dois anos, a Coluna Prestes percorreu cerca de 25 mil quilômetros pelo interior do Brasil, tentando mobilizar a população rural contra a oligarquia e o mandonismo dos coronéis locais. Formada por pouco mais de mil combatentes, entre civis e militares, enfrentou tropas legalistas compostas pela parte do Exército fiel ao governo federal, tropas policiais locais e até jagunços a serviço dos coronéis. A "Coluna Invicta", como foi chamada, não perdeu batalhas, mas também não ganhou a guerra. A população camponesa não aderiu à causa dos tenentes, até por falta de informação e de organizações políticas locais capazes de mobilizá-la. No começo de 1927, a Coluna se encaminhou para o exílio na Bolívia, inaugurando uma fase de disputas entre suas lideranças e reflexões mais profundas sobre como fazer a "revolução brasileira".

O "salvacionismo" militar, contudo, mostrava seus limites, pois só a coragem e o voluntarismo dos seus integrantes não bastavam para mudar o Brasil. De todo modo, nomes como Luís Carlos Prestes, Miguel

Costa, Juarez Távora, Cordeiro de Farias, João Cabanas se tornaram muito conhecidos, ocupando páginas e páginas de jornais e livros desde então. Muitos deles ainda desempenhariam um papel político importante nos anos seguintes, por vezes em lados opostos, como Prestes e Távora, que romperam publicamente um com o outro em 1930. O primeiro foi para a esquerda e o segundo para a direita. Ambos representam as linhagens e ambiguidades do tenentismo dos anos 1920.

AS DISSIDÊNCIAS OLIGÁRQUICAS E O FIM DA PRIMEIRA REPÚBLICA

O colapso da Primeira República e de seus arranjos políticos, que excluíam outras forças sociais que não viessem das oligarquias rurais tradicionais, não se deu pela sonhada revolução proletária de anarquistas e comunistas. Os algozes do regime foram as próprias dissidências oligárquicas aliadas a uma parte importante dos "tenentes", os jovens militares rebeldes. Mas o encontro das dissidências oligárquicas com os "tenentes" não foi direto e rápido. Foi fruto de uma série de articulações políticas feitas a partir de 1927.

Por que as dissidências oligárquicas, que existiam desde o começo da República, ganharam uma dimensão importante para a crise final do regime implantado em 1889? Se a Primeira República era marcada pelo domínio das oligarquias que, apesar das disputas eleitorais e conflitos, terminavam por se entender e compor o principal grupo no poder do governo federal, qual novidade as dissidências oligárquicas representaram para a política brasileira no final dos anos 1920?

Até meados dos anos 1920, a disputa política entre facções das oligarquias se limitava a questões superficiais na política, como ambições pessoais dos chefes partidários mais poderosos, diferentes estilos de governo ou de administração pública. Não havia uma profunda divisão ideológica ou projetos de sociedade alternativos em disputa dentro desses grupos. A maior parte dessas facções dos partidos regionais abraçava o liberalismo e o federalismo. Na economia, a maior parte das oligarquias aceitava a "vocação agrícola" da economia brasileira, que, obviamente, lhes era favorável, como grandes donos de terras e produtores de bens agrícolas voltados para a exportação. Todos se acusavam mutuamente de fraudar eleições, e como a fraude era, efetivamente, generalizada, até nisso as facções eram semelhantes.

Mas, como vimos, a década de 1920 viu crescer a agitação dos setores da sociedade brasileira que não tinham espaço no jogo da política oligárquica e defendiam outros projetos. Uma pequena parte da classe média urbana, ainda que dependente dos empregos gerados pela economia agroexportadora, percebia que a política de valorização do café causava desequilíbrio cambial que, ao fim, se transformava em inflação de produtos de primeira necessidade, pois quase tudo era importado no Brasil daqueles tempos. Muitos intelectuais e lideranças políticas reformistas se indignavam com as fraudes eleitorais e com o mandonismo dos grandes latifundiários sobre as populações pobres no interior do Brasil. Julgavam que isto era um impedimento para a definitiva entrada do Brasil no quadro das nações "civilizadas e modernas". Havia ainda uma burguesia industrial incipiente, muito ligada aos capitais gerados pelo café, mas que começava a perceber que só haveria uma efetiva industrialização do Brasil se os interesses agrários fossem contrabalançados por uma política econômica federal de incentivo à indústria brasileira. Do lado de baixo da pirâmide social, os operários estavam cada vez mais organizados e combativos, apesar da repressão policial.

Os jovens tenentes, em grande parte, ecoavam, ainda que de maneira vaga e confusa, essas críticas, com a diferença que tinham armas para reforçar suas opiniões. Não por acaso, os programas e as proclamações das revoltas tenentistas defendiam moralidade eleitoral, controle de preços, leis de proteção ao trabalhador, divisão de propriedade para aumentar os pequenos proprietários rurais, estímulo à industrialização do Brasil. E para realizar tudo isso, grande parte das lideranças tenentistas passou a defender um Estado forte, autoritário e interventor, que não fosse um mero apêndice dos interesses regionais e oligárquicos.

Ao longo dos anos 1920, uma parte das oligarquias tradicionais começou a se convencer de que essas demandas não eram descabidas, e se simplesmente desconsideradas poderiam levar o país a uma guerra civil de resultado incerto, envolvendo conflito de classes sociais e não apenas de facções das elites. Obviamente, o projeto de revolução de tenentes e dissidências oligárquicas não questionava o direito à propriedade, as tradições culturais e religiosas e as hierarquias sociais, como faziam os comunistas e anarquistas.

Entretanto, o que poderia ocorrer se houvesse uma eventual convergência de revoltosos vindos das elites e das classes médias com setores do operariado rebelde?

Esse era o quadro a ser evitado. Tal perspectiva foi sintetizada na frase proferida em 1929 pelo governador de Minas Gerais, Antônio Carlos, ao justificar a necessidade de reformas profundas na política e promover avanços sociais, ainda que moderados: "Façamos a revolução, antes que o povo a faça".

RUMO À REVOLUÇÃO DE 1930

Na segunda metade da década de 1920, as dissidências oligárquicas passaram a defender um projeto político mais disposto a incorporar, ainda que timidamente, as críticas de outros setores sociais. Especialmente entre as elites excluídas do jogo político principal, como os gaúchos e os "nortistas", aumentaram as críticas ao estilo e aos valores políticos dos liberais paulistas e mineiros que mandavam na política nacional brasileira.

Mesmo em São Paulo surgiam dissidências importantes. A fundação do Partido Democrático (PD), em 1926, foi uma expressão das críticas ao conservadorismo do Partido Republicano Paulista (PRP), partido que se confundia com a oligarquia dominante no estado e no Brasil.

O restante do mandato de Artur Bernardes foi concluído sob estado de sítio, entre julho de 1924 e dezembro de 1926. A repressão política ficou mais sofisticada. Em São Paulo, foi criada a primeira delegacia especializada em repressão política, o Dops. Mais de 10 mil processos foram instaurados. Colônias penais foram criadas na Amazônia. A vigilância sobre a classe operária ficou ainda mais acirrada.

Para a sucessão do político mineiro, foi indicado um paulista, Washington Luís, com fama de administrador moderno e eficiente, elogiado por suas realizações no mandato na presidência do estado de São Paulo (na época, os governadores eram chamados de presidentes). No cargo, Washington Luís estava disposto a recompor as bases da estabilidade política e econômica da República e acalmar as dissidências oligárquicas. Mas não descuidou da repressão sobre os movimentos sociais, promulgando a já citada Lei Aníbal de Toledo, conhecida como "Lei Celerada" por sua truculência contra os "delitos ideológicos" (em agosto de 1927). Promoveu uma reforma constitucional, dando à União a prerrogativa em legislar sobre questões trabalhistas, demonstrando o quanto o tema tinha entrado na pauta nacional pela pressão do movimento operário e pelo medo de uma revolução proletária sob inspiração bolchevique. No começo do seu mandato, conseguiu até o apoio da oligarquia gaúcha, sempre disposta a questionar a hegemonia paulista, nomeando Getúlio Vargas como seu ministro da Fazenda.

Entretanto, no processo sucessório, Washington Luís cometeu um erro de cálculo, indicando outro paulista, Júlio Prestes, para substituí-lo. O precário equilíbrio competitivo entre São Paulo e Minas Gerais, uma das bases da estabilidade política da Primeira República, se rompeu, em um momento em que não foi possível recompor as alianças para dar sustentação à política situacionista, alicerce central do regime.

Ao lado dos gaúchos, os mineiros preteridos na sucessão formaram a Aliança Liberal, em setembro de 1929, encabeçada por Getúlio Vargas e João Pessoa, para competir com a chapa encabeçada por Júlio Prestes. A campanha da Aliança Liberal foi inovadora, defendendo de maneira mais contundente propostas reformistas a serem conduzidas pelo futuro governo, obviamente dentro da ordem social vigente. O tema do trabalho, da moralidade eleitoral, do desenvolvimento econômico com base na indústria e da educação deram os tons dos comícios. Mas a máquina política do PRP e do governo federal por ele dominado foi mais forte e eficaz. Nas eleições de maio de 1930, Júlio Prestes saiu vitorioso.

Em que pese a indignação dos vencidos e as óbvias acusações de fraude, a política parecia voltar aos trilhos de sempre. Mas não foi isso que ocorreu. Muitos tenentes tinham retornado do exílio e continuavam a conspirar contra o governo. Nos quartéis, falava-se em uma "Terceira Revolta", em continuidade às de 1922 e 1924. Mas dessa vez, contando com parte das oligarquias dissidentes, sobretudo mineiras e gaúchas, dispostas a pegar em armas, a coisa prometia ser mais organizada e articulada. Importantes líderes civis que tinham apostado na derrotada Aliança Liberal, como Antônio Carlos e Osvaldo Aranha, encabeçavam as articulações com os militares rebeldes.

Do lado dos tenentes, entretanto, não havia consenso sobre quem lideraria a "Terceira Revolta". O mais famoso militar rebelde, Luís Carlos

Prestes, assumira posições mais à esquerda no seu exílio em Buenos Aires e negou-se a liderar o movimento armado contra a oligarquia, pois defendia uma ação mais articulada com camponeses e operários, devidamente comandada pelos rebeldes militares. Prestes ainda não era oficialmente um quadro do Partido Comunista, como viria a acontecer nos anos 1930, mas estava próximo de um socialismo revolucionário que não se dispunha a aderir aos projetos moderados e reformistas das oligarquias dissidentes.

O assassinato de João Pessoa, presidente da Paraíba, em uma confeitaria do Recife deu novo impulso à conspiração contra o regime. Os jornais fizeram grande alarde sobre o caso, sugerindo um atentado político contra o ex-candidato a vice-presidente da Aliança Liberal orquestrado pelos aliados dos vitoriosos. (Na verdade, o motivo do assassinato estava muito mais ligado a questões de política estadual mescladas com motivações passionais.) A indignação em parte da opinião pública, que já tinha críticas ao domínio da oligarquia paulista, foi aproveitada para justificar uma nova rebelião.

No começo de outubro de 1930, guarnições militares rebeldes apoiadas por lideranças civis das dissidências oligárquicas rebelaram-se em Minas Gerais e no Rio Grande do Sul. A partir desse estado, os revoltosos rapidamente chegaram à fronteira de São Paulo, onde se esperava uma grande batalha entre as forças legalistas e a poderosa Força Pública paulista. Pernambuco e Paraíba também se rebelaram, dominando quase todo o Norte, à exceção da Bahia. Mesmo em São Paulo, ainda controlado pelo PRP, o Partido Democrático tornou-se aliado da Revolução.

Quando a guerra civil de grandes proporções parecia ser inevitável e fora de controle, em 24 de outubro, uma junta militar depôs o presidente Washington Luís, pivô da crise com as outras oligarquias estaduais. A esperança de generais e almirantes era negociar com os rebeldes e acomodar os interesses políticos em jogo em uma grande conciliação política nos moldes tradicionais. Contudo, os rebeldes não se dispuseram a tal, criticando duramente os políticos "carcomidos" da "velha" República.

No dia 31 de outubro, Getúlio Vargas, que até participara do governo "carcomido" Washington Luís, chegou ao Rio de Janeiro na condição de líder da "Revolução de 1930". Foi aclamado pela multidão e apoiado pelos "tenentes", que, enfim, tinham chegado ao poder. Em 3 de novembro, Vargas foi empossado como chefe do Governo Provisório da nova República.

A REVOLUÇÃO DE 1930 E A HISTORIOGRAFIA

Uma das maiores polêmicas historiográficas brasileiras se deu entre os anos 1960 e 1980 em torno das interpretações acerca da Revolução de 1930 e seu impacto efetivo na história do Brasil. Havia acontecido uma revolução, efetivamente? Essa revolução tinha representado a ascensão da burguesia industrial ou as oligarquias disfarçadas continuaram no poder? Qual tinha sido o papel do operariado e da "luta de classes" nos eventos que derrubaram a Primeira República? Essas eram as principais questões, para as quais as respostas variavam, conforme as linhagens teóricas e ideológicas dos diversos historiadores que se debruçaram sobre o tema. Houve três posições em debate sobre a Revolução de 1930.

Uma primeira posição, ligada aos intelectuais do Partido Comunista, defendeu a tese de que ela foi uma "revolução burguesa", que opôs a oligarquia cafeeira à elite industrial, apoiada pelas classes médias. O tenentismo seria exatamente a expressão do radicalismo da classe média, conforme um dos autores dessa corrente, Virgilio Santa Rosa.

Nos anos 1960, surgiu outra tese, de elaboração mais sofisticada e coerente com as fontes documentais e dados. Autores, como Boris Fausto, defenderam a ideia de que o movimento ocorrido em 1930 significou um rearranjo político: causou certo "vazio de poder" momentâneo, preenchido pelo "Estado de compromisso" e pela afirmação da burocracia federal que sustentava Getúlio Vargas, hábil na acomodação dos interesses em jogo.

Por fim, nos anos 1970 e 1980, uma posição historiográfica radical, defendida por Edgar de Decca, criticou a própria existência de uma "revolução" em 1930, esvaziando o fato político que levou Getúlio Vargas ao poder identificando-o como mera operação ideológica e discursiva organizada para afastar "a verdadeira classe revolucionária" do poder, os operários. Para os defensores dessa corrente, não houve "vazio de poder", mas a implantação, no novo jogo político que regrava o Estado, de "uma nova hegemonia", exercida agora pela burguesia industrial.

Brasil Novo – rupturas e continuidades: 1930-1937

O GOVERNO PROVISÓRIO

O rápido triunfo dos que se rebelaram contra o governo Washington Luís e, por tabela, derrubaram a Primeira República, criou um clima de euforia na vida política brasileira. O novo contexto indicava que as oligarquias mais conservadoras que dominaram a República desde seu início estavam afastadas do poder central. Este seria controlado por um Governo Provisório até que uma nova Constituição fosse elaborada.

O Congresso Nacional foi dissolvido e foram nomeados interventores em todos os estados, quase todos veteranos das revoltas tenentistas. A palavra de ordem era construir um novo Estado que não fosse mera expressão do jogo político dominado pelas oligarquias mais poderosas e seus partidos republicanos regionais.

Mas os grupos que tomaram o poder em 1930 – uma coligação de dissidências oligárquicas e "tenentes" – tampouco eram unidos. Se todos concordavam que era preciso construir um novo poder central e reformar vários aspectos da sociedade brasileira, divergiam quanto aos caminhos para chegar a esses objetivos. Os "tenentes", reunidos no Clube 3 de Outubro, defendiam um governo forte e centralizado que tutelasse a sociedade e interviesse na economia. Já os líderes políticos do novo regime, que eram oriundos das elites políticas tradicionais, se dividiam entre a opção por um liberalismo aberto a algumas reformas sociais e o autoritarismo como caminho para a modernização do Brasil. Os gaúchos, herdeiros do positivismo que dava o tom da política estadual desde o final do século XIX, eram mais inclinados à ideia do Estado interventor. As dissidências oligárquicas mineiras, outro importante polo de sustentação do novo regime, apoiavam o liberalismo como princípio, temperado pelo pragmatismo político que lhes permitia compor com os autoritários.

Desde que chegaram ao poder, os grupos do novo regime mantinham-se em tenso equilíbrio. E, em meio às tensões entre liberais e autoritários, consolidava-se a liderança de Getúlio Vargas que, de maneira hábil e pragmática, fazia o papel de mediador de interesses em conflito, evitando tomar medidas extremas a favor ou contra as tendências políticas em disputa. O que unia todos os grupos, no momento imediato à tomada de poder, era isolar os paulistas do PRP, os grandes perdedores de 1930. Essa, entretanto, não era uma tarefa fácil. Além da importância política da oligarquia paulista, havia ao menos dois temas sensíveis que envolviam o estado de São Paulo e ligavam seu destino à política nacional: o café e a "questão operária".

A economia brasileira, frágil e pouco produtiva, dependia das divisas geradas pela exportação do café paulista. A grande crise do capitalismo mundial, iniciada com a quebra da Bolsa de Valores de Nova York em outubro de 1929, tinha causado grandes perdas aos cafeicultores. Os mercados internacionais se retraíram, o crédito para exportação diminuiu. Não por acaso, o novo governo – que prometia diversificar a economia brasileira e não mais organizá-la em função das políticas de valorização do café que tanto desagradavam as classes médias das grandes cidades e a burguesia industrial – teve que fazer exatamente o contrário. Em 1931, para indignação de muitos "revolucionários", Vargas autorizou a compra de estoques de café com recursos públicos, além do perdão de dívidas dos cafeicultores com o Estado e a queima de milhares de sacas do produto. No fundo, usava a mesma fórmula da Primeira República de "socializar as perdas", com o governo comprando o excesso de produção do café para diminuir a oferta do mercado e, consequentemente, aumentar os preços internacionais do produto.

O novo governo, portanto, reconhecia que a economia brasileira era completamente dependente do café. O país comprava quase todos os manufaturados do exterior, produzia pouco alimento para sua população, por conta dos imensos latifúndios improdutivos ou voltados para a agro-exportação e precisava de divisas, ou seja, moedas estrangeiras aceitas no comércio internacional, como o dólar e a libra, para importar os produtos e pagar sua dívida externa. A alternativa a essa política de valorização do café seria modificar, de maneira radical e abrupta, a estrutura social e econômica do Brasil – o que não estava nos planos dos novos governantes. Os "revolucionários" de 1930, no fundo, queriam apenas uma reforma política e não uma revolução social.

A "questão operária" era particularmente sensível na cidade de São Paulo. A capital do estado concentrava um grande contingente de operários, então ainda muito ligados ideologicamente ao anarcossindicalismo. A repressão do governo tinha enfraquecido o ímpeto de luta das organizações sindicais, mas o fato é que a classe operária, ainda que diminuta, era uma realidade social e política que ganhava importância política e econômica cada vez maior na vida brasileira. Em Santos, o sindicalismo de base comunista era importante, concentrado nos trabalhadores do grande porto por onde entrava e saía a maior parte dos bens econômicos importados e exportados. Ainda concentradas em poucas cidades, a classe operária e suas organizações sindicais e políticas não foram protagonistas principais dos eventos políticos que culminaram na queda da Primeira República, mas era um fator de tensão social a ser considerado no novo regime. Não por acaso, uma das primeiras medidas burocráticas do Governo Provisório foi a criação do Ministério do Trabalho, em 1931.

Em São Paulo, o operariado e os "tenentes" ensaiaram uma aproximação que desagradou as elites tradicionais paulistas. A criação do Partido Popular Paulista (PPP), liderado por Miguel Costa, um dos líderes da Revolução de 1924 e da Coluna Prestes, era a expressão mais clara dessa aproximação. O PPP estava muito longe de ser um partido de tendências anarquistas ou comunistas, mas a mera possibilidade de um partido de massas ligando os tenentes mais radicais aos operários deixou a situação em São Paulo ainda mais explosiva. A poderosa oligarquia do estado bandeirante, desalojada do poder em nível federal, ainda dominava o poder regional. Era apoiada pelas classes médias, que consideravam Getúlio Vargas e o autoritarismo do Governo Provisório uma "ditadura usurpadora do poder", disposta a humilhar os paulistas.

No final de 1931, muitos líderes liberais e federalistas de outros estados que haviam apoiado a revolta de 1930 também estavam decepcionados com o estilo personalista de Vargas e preocupados com excessivo papel dos "tenentes" no Governo Provisório. O quadro para uma nova guerra civil estava dado.

A REVOLTA PAULISTA DE 1932: HISTÓRIA E MEMÓRIA

A chamada "Revolução Constitucionalista de 1932", como a historiografia oficial paulista (cujo maior exemplo foi Alfredo Ellis) nomeou a revolta contra o Governo Provisório de Getúlio, é parte de um quadro mais amplo de conflitos políticos e sociais que se seguiram à queda da Primeira República.

A Revolução de 1930 havia sido fruto de uma aliança entre dissidências oligárquicas e militares rebeldes (os "tenentistas"), articuladas sob um programa difuso. Os "revolucionários" defendiam a moralização das eleições, constantemente fraudadas na Primeira República, e o desenvolvimento econômico do Brasil afastado da dependência histórica do café exportado. As lideranças de Getúlio Vargas, ex-ministro da Primeira República, e do general Góes Monteiro sobre o Exército ainda não estavam consolidadas. Assim, ao longo de 1931, as tensões entre os diversos grupos que se uniram para acabar com o domínio paulista do Estado brasileiro mostraram-se claras e evidentes. Para as oligarquias dissidentes que apoiaram a Revolução de 1930 era preciso "reconstitucionalizar" o Brasil em caráter de urgência, convocando eleições para uma Assembleia Constituinte que repactuasse o jogo do poder entre as elites civis. Já para os "tenentes", reunidos nas Legiões Revolucionárias e no Clube 3 de Outubro, o melhor caminho para moralizar e desenvolver economicamente o Brasil era uma ditadura que se apoiasse nas massas trabalhadoras e não dependesse mais do jogo eleitoral das elites oligárquicas.

Em São Paulo, o estado que mais perdera com o fim da Primeira República, as tensões políticas dessa natureza eram particularmente graves. Mesmo o Partido Democrático, dissidência do Partido Republicano Paulista que apoiara a Revolução de 1930, não ficou satisfeito com a nomeação do interventor no estado, o coronel João Alberto, pernambucano, tenentista e esquerdista. A pressão contra ele foi tanta que João Aberto renunciou em julho de 1931, mas a situação em São Paulo não se acalmou. Além dele, Miguel Costa, o líder da coluna histórica junto com Luís Carlos Prestes, era uma sombra perigosa que pairava sobre as elites paulistas. Costa ensaiava uma aproximação com o operariado, através da formação do Partido Popular Paulista.

No começo de 1932, Vargas claramente manobrava para esvaziar o poder dos tenentistas mais radicais, fazendo um movimento de reaproximação com as várias oligarquias regionais que exigiam a "reconstitucionalização" do Brasil, que no fundo era um caminho para voltarem a ter influência política. Nessa direção, Rio Grande do Sul, Bahia e mesmo Minas Gerais, para não falar de São Paulo, estavam em pé de guerra com o Governo Provisório. Em fevereiro de 1932, a promulgação de uma nova Lei Eleitoral, definindo as eleições para a Constituinte, parecia ser o mapa da estrada para acalmar o ambiente político. Para contemplar os paulistas, Vargas nomeou Pedro de Toledo como interventor, ele era "paulista e civil", tal como exigia a Frente Única Paulista, surgida em fevereiro de 1932, fruto da união do PRP com o PD.

Tudo parecia se encaminhar para o acerto, mas a depredação da sede do *Diário Carioca*, crítico do Governo Provisório, azedou novamente as relações entre as oligarquias liberais e os tenentistas, com as primeiras acusando os últimos pela destruição do jornal.

Em fins de maio, a situação de São Paulo se radicalizou. A visita de Osvaldo Aranha, considerado o político civil mais próximo dos "tenentes", ministro da Fazenda do Governo Provisório, foi vista como uma provocação pelas elites liberais paulistas. No dia 23 de maio, a tentativa de tomar de assalto a sede do Partido Popular Paulista terminou em tiroteio, com mortos e feridos. A sigla das iniciais dos mortos – Martins, Miragaia, Dráusio e Camargo (MMDC) – nomearia a sociedade secreta criada então para preparar uma revolta armada contra Getúlio.

Essa revolta explodiu em 9 de julho. São Paulo esperava a adesão de todas as facções estaduais insatisfeitas com o governo de Getúlio. Mas este conseguiu apaziguar o Rio Grande do Sul, Bahia e Minas Gerais, esvaziando uma possível aliança com os paulistas.

A opinião pública paulista parecia ecoar a palavra de ordem defendida por Monteiro Lobato: "hegemonia ou separação!". Na verdade, nenhum grupo político do estado se organizava seriamente para se separar do Brasil. As elites paulistas sabiam que o estado, por mais rico que fosse, precisava do restante do Brasil, de seus recursos, mercados e impostos.

São Paulo combateu as tropas do governo federal por quase três meses. Apesar do poderio relativo do estado, e da ampla mobilização da sociedade paulista, sobretudo suas elites e classes médias, o enfrentamento militar não foi bem-sucedido. Em meados de setembro, o comandante-geral, general Bertoldo Klinger, já negociava uma paz separadamente, contrariando parte da opinião pública paulista. A rendição veio a 3 de outubro.

O pragmático Getúlio sabia que o Brasil também precisava de São Paulo, e evitou retaliações excessivas aos paulistas. Diferentemente de 1924, quando a cidade foi atacada de forma violenta e a repressão foi disseminada contra seus habitantes, dessa vez o governo federal preferiu uma repressão seletiva, enviando para o exílio os líderes mais diretamente envolvidos na revolta (77 banidos no total).

A instabilidade dos anos entre 1931 e 1932 era um sinal da precária convivência política que caracterizaria os 30 anos seguintes da história republicana brasileira. Por um lado, havia uma oligarquia de base rural dividida entre liberais arraigados às velhas práticas políticas tradicionais (fraude eleitoral, liberalismo conservador, coronelismo) e reformadores dispostos a modernizar a economia, reconhecendo a necessidade pragmática de dividir o poder com outros grupos políticos e sociais. A burguesia industrial, importante em alguns estados como São Paulo e Rio de Janeiro, ainda era pequena e politicamente dependente dos fazendeiros que dominavam a economia nacional. Por outro, no andar de baixo da sociedade, havia uma classe operária que se expressava através de suas organizações sindicais, mas não tinha nível de organização política para impor um projeto político socialista e revolucionário à sociedade em seu conjunto. No meio, uma classe média pequena, dependente dos empregos e fiel aos valores das oligarquias às quais servia, seja como funcionários públicos, seja como profissionais liberais (médicos, advogados, comerciantes, gerentes).

Este era o precário "Estado de compromisso" inaugurado em 1930, no qual a força inercial da velha sociedade rural coexistia com a busca da modernização social e econômica. Cabia ao Governo Provisório equilibrar essas demandas, sem ameaçar a ordem social mais profunda. Mas a sociedade brasileira, pela primeira vez na sua história, parecia dividida cada vez mais em projetos e visões de mundo inconciliáveis.

UMA SOCIEDADE EM EBULIÇÃO

Era preciso institucionalizar e legalizar o novo regime o quanto antes, para evitar novas revoltas e esvaziar a principal crítica dos liberais paulistas vencidos, a de que Vargas era um "ditador usurpador e ilegítimo". De fato, vários atores sociais exigiam mais participação na vida política nacional e, em grande parte, a chamada Revolução de 1930 tinha conseguido adesões a partir de uma promessa de mais participação e democracia. Não era mais possível ignorá-los.

O levante paulista, embora tenha sido derrotado nas armas, fez com que o Governo Provisório agilizasse a convocação da Assembleia Constituinte. Outro desdobramento importante da nova postura de Getúlio Vargas, e do grupo mais pragmático que o cercava, foi a diminuição do poder dos "tenentes" e de seu ímpeto para renovar as instituições republicanas e subjugar as oligarquias tradicionais a qualquer preço. Depois de experimentar um auge do seu poder entre 1931 e 1932, com a atuação do Clube 3 de Outubro, os tenentistas como grupo político autônomo foi sendo esvaziado pelo governo Vargas e pelo próprio Exército, disposto a recompor e reforçar a hierarquia interna. Para Vargas, algumas lideranças desse movimento poderiam ser aproveitadas como quadros do novo regime, mas não deveriam dar o tom da política nacional. O regime não podia, pela sua própria origem nas elites regionais que romperam com a Primeira República, se afastar completamente das oligarquias tradicionais, sob o risco de perder apoio nos estados da federação onde elas ainda eram muito influentes. Vargas entendia que a reconstrução do Estado rumo a uma maior centralização política e modernização econômica deveria ser combinada com a manutenção da ordem social.

Para a alta oficialidade do Exército brasileiro, o tenentismo era visto como uma faca de dois gumes. Por um lado, era considerado um movimento importante, ao exigir maior protagonismo dos militares na vida política. Por outro, expressava a falta de comando das altas patentes militares (coronéis e generais), pois os protagonistas do movimento eram militares da baixa oficialidade (tenentes e capitães) que, em princípio, deveriam se subordinar às altas patentes. Nos anos 1930, percebendo que esta quebra de hierarquia e a forma impetuosa pela qual os tenentes atuavam na vida política eram ameaças à unidade do Exército, iniciou-se uma ampla reforma administrativa na área militar. Conduzida por Góes Monteiro e Eurico Gaspar Dutra, essa reforma visava fortalecer o generalato e reforçar os elos hierárquicos com a baixa oficialidade. Monteiro resumiria esta estratégia com a frase: "É preciso acabar com a política no Exército, para fazer a política do Exército". Isso significava que o Exército, como instituição burocrática de Estado, deveria interferir na política nacional. Para esses militares, o Exército deveria funcionar como uma espécie de poder tutelar sobre a sociedade, a partir do que a alta oficialidade militar julgava ser os "interesses nacionais": modernizar a economia através da industrialização, promover o culto ao nacionalismo acima dos interesses regionalistas, promover a integração do território nacional e garantir a ordem social "cristã e ocidental". Este último ponto traduzia o medo de uma revolução socialista proletária que mudasse completamente a estrutura e os valores dominantes na sociedade.

Com o esvaziamento do tenentismo como força política autônoma, as suas lideranças acabaram por se dispersar entre os movimentos de esquerda (PCB e Aliança Nacional Libertadora) e de direita (Ação Integralista Brasileira) que surgiram entre 1932 e 1935. Muitos outros tenentistas foram incorporados como quadros políticos e administrativos do governo federal, rendendo-se ao novo jogo político das elites civis.

Nos anos 1930, o mundo vivia uma época de efervescência ideológica, dividido entre direita e esquerda, fascistas e comunistas, com ambos criticando a "democracia liberal". A política liberal, baseada na representação parlamentar escolhida pelo voto dos cidadãos e na separação entre Estado e sociedade civil, era considerada incapaz de absorver os conflitos de classe das sociedades industriais e urbanas. Os princípios liberais clássicos, enfatizando os direitos individuais, a premência dos contratos privados e o livre-mercado, pareciam condenados diante da nova realidade social e geopolítica do mundo. A crise econômica de 1929 tinha sido a prova de sua ineficácia no campo da economia, pois fora provocada, em grande parte, pela concorrência sem regras entre os grandes grupos industriais que dominavam os mercados. Fascistas e comunistas, a partir de motivos, métodos e caminhos diferentes, defendiam um Estado forte e tutelar que controlasse a vida dos indivíduos e das massas, além de regulamentar a economia, afastando-se do liberalismo político e econômico. O Brasil não ficou imune a esse debate internacional.

Os fascistas e toda a extrema direita autoritária defendiam o corporativismo como forma ideal de organizar a sociedade. O corporativismo consistia em fazer com que o Estado organizasse a sociedade na forma de corporações profissionais que reunissem empresários e trabalhadores, cujos eventuais conflitos de interesses seriam tutelados pela burocracia central de maneira a planejar as atividades econômicas, em nome do desenvolvimento e harmonia nacionais. Obviamente, para os trabalhadores, essa solução traria mais ônus do que bônus, pois a tendência do Estado era se render à influência e à pressão dos grupos econômicos mais poderosos. Nesse modelo de sociedade, o jogo eleitoral, mesmo limitado às camadas médias da população, era visto como um fator de risco à estabilidade.

Nos anos 1930, o mundo se viu dividido entre esses dois projetos ideais de sociedade, antagônicos entre si em tudo, menos na crítica que faziam à democracia "burguesa e liberal". O resultado de tamanha efervescência e debate político foi que a sociedade brasileira conheceu formas de ação e organização coletivas como nunca acontecera antes.

A convocação para as eleições, visando à composição da Assembleia Constituinte, e os novos partidos, organizações políticas de massa que surgiam, agitaram os anos que vão de 1932 a 1935. Nesse período, são perceptíveis ao menos quatro grandes tendências político-ideológicas:

1. *Autoritarismo cientificista*: essa tendência estava encravada no núcleo do poder que dirigia o Estado pós-1930. Basicamente, reunia políticos civis, militares e intelectuais que defendiam um Estado forte, burocratizado e interventor (sobretudo na economia, na educação e nas relações de trabalho), mesclando elementos do corporativismo com valores liberais, como o apoio à iniciativa privada na economia.

2. *Liberalismo*: reunia muitas lideranças oligárquicas tradicionais, com adesão de boa parte da classe média urbana e dos profissionais liberais. Para essa linha ideológica, as instituições e os valores liberais ainda deveriam nortear a sociedade (livre-inicia-

tiva na economia, direito inviolável de propriedade, liberdade individual, liberdade de expressão, federalismo, independência entre os três poderes do Estado – Executivo, Legislativo e Judiciário). Entretanto, conforme a tradição oligárquica do liberalismo brasileiro, a política deveria ser um clube fechado, com regras eleitorais que impedissem as massas de exercer seu direito de voto e fazerem se representar no Parlamento. Estas, mesmo para os liberais, deveriam ser objeto de rigoroso controle social e inculcação moral e ideológica conservadora, seja pela religião, seja pelo civismo. Os liberais se constituíram no principal foco de tensão contra o governo Vargas. Eram críticos do Estado interventor, mas não hesitariam em apoiar o governo na repressão aos movimentos populares e aos comunistas.

3. *Esquerdismos (reformista e revolucionário)*: com a Revolução de 1930 e o reconhecimento da importância e legitimidade da "questão social" pelo Estado, houve uma ascensão do movimento sindical-operário independente entre 1932 e 1935, período de grande agitação operária, ainda pouco estudado pelos historiadores. Para os comunistas, a saída para a crise capitalista era a revolução liderada pelo partido em nome dos operários e camponeses, que deveria instaurar uma "ditadura do proletariado", acabar com a propriedade privada e construir a sociedade comunista igualitária. Além disso, havia setores da classe média (sobretudo entre a baixa classe média) que, mesmo sem aderir ao comunismo, defendiam o nacionalismo econômico e a intervenção estatal na economia para industrializar o Brasil e livrar o país da influência das grandes potências econômicas da época, como Inglaterra e Estados Unidos. O próprio Partido Comunista estava dividido entre a defesa da revolução operária radical e uma política de alianças que unisse os setores democráticos e progressistas da sociedade contra o fascismo. Em 1934, socialistas, nacionalistas e comunistas acabaram convergindo na formação da Aliança Nacional Libertadora (ANL), uma frente antifascista, organizada efetivamente entre março e julho de 1935, quando chegou a contar com cerca de 400 mil filiados. As principais

críticas da ANL eram contra o capital financeiro e contra o latifúndio, considerados impedimentos para a democratização da sociedade e modernização da economia.

4. *Fascismo*: o principal grupo fascista brasileiro (mas não o único) era a Ação Integralista Brasileira (AIB), criada em outubro de 1932. A base social dos integralistas localizava-se na classe média, sobretudo de origem imigrante do Centro-Sul do Brasil. O integralismo organizou-se nacionalmente, sob a liderança de alguns intelectuais como Plínio Salgado, Miguel Reale, Gustavo Barroso, a partir do modelo paramilitar dos partidos fascistas europeus. Esse modelo implicava uma estrutura de milícia, com chefes, subchefes, uniformes, paradas solenes. A ideologia integralista misturava nacionalismo, civismo, corporativismo e catolicismo ultraconservador, criticando comunistas e liberais. Conforme a doutrina da AIB, o Estado Integral deveria ser o fiador desses valores, fazendo com que a sociedade se mobilizasse pela nação. Ao contrário dos autoritários pragmáticos, mais preocupados com a criação de uma burocracia estatal tutelar, os fascistas defendiam uma organização civil de massa para mobilizar politicamente a sociedade, sob o comando de um chefe personalista, tendo como modelo os líderes fascistas europeus, Adolf Hitler e Benito Mussolini.

A ASSEMBLEIA CONSTITUINTE DE 1933/1934

As eleições para a Assembleia Constituinte foram regradas pelo novo Código Eleitoral, lançado em 1932, que tentava ampliar a representação e moralizar as eleições. Pela primeira vez, o voto era secreto, as mulheres podiam votar e haveria uma justiça eleitoral independente para monitorar os resultados e coibir as fraudes.

Além das grandes tendências ideológicas, dezenas de partidos políticos foram criados depois da Revolução de 1930, muitos com existência efêmera e interesses meramente fisiológicos (ou seja, para defender interesses particulares de grupos com poder econômico ou chefes políticos locais). Os nomes dos partidos da época revelam uma mistura de nacionalismo, corporativismo e regionalismo – Partido da Lavoura, Partido Economista, Partido dos Empregados do Comércio. Essas tendências acabaram se encontrando na Assembleia Constituinte e deram os tons do debate.

Além dos candidatos eleitos pelo sistema de representação, havia uma bancada "profissional" (funcionários públicos, empregados, empregadores) escolhida por delegados sindicais. Cerca de 40 deputados constituintes foram eleitos dessa forma, entre os 254 que compunham a Assembleia, com apoio de setores do governo que defendia uma experiência inspirada no modelo corporativo na política brasileira. O resultado geral, entretanto, mostrou a força persistente das oligarquias regionais de linhagem liberal.

A Igreja Católica, tradicionalmente influente na sociedade e na vida política brasileira, também não ficou alheia em meio a tanta mobilização. Os intelectuais católicos, apoiados pelo alto clero da Igreja, organizaram a Ação Católica. Eles temiam que os setores laicos e positivistas que estavam no poder do Estado realizassem reformas sociais e educacionais na Constituição que pudessem ameaçar a influência católica na sociedade brasileira, fundamental para compreender os valores morais dominantes. Além disso, a Liga Eleitoral Católica conseguiu impor uma agenda no debate eleitoral e constituinte, evitando que o esquerdismo e as propostas laicas levassem a um desvio da tradição católica que imperava na sociedade brasileira, sobretudo na definição constitucional sobre o papel da família e o sistema educacional. Exemplo da pressão católica sobre a Constituinte foi a oficialização do casamento religioso e do casamento indissolúvel (com a proibição do divórcio).

Os candidatos para a Constituinte que se apresentaram como herdeiros do tenentismo tiveram fraca votação, restrita sobretudo ao Rio de Janeiro e a Pernambuco.

O Governo Provisório mostrou sua face autoritária, impondo um regimento interno à Assembleia e apresentando um anteprojeto de Constituição que só podia ser "emendado" pelos constituintes eleitos, e não redigido novamente a partir do começo. Entre o final de 1933 e julho de 1934, os debates na Assembleia Constituinte foram acalorados, e o resultado foi uma Constituição avançada, mas de pouca efetividade no dia a dia da sociedade.

Mesmo aprovando o aumento dos poderes da União, sobretudo no campo da legislação econômica e social, frente aos estados, o princípio federalista foi mantido. O voto passaria a ser obrigatório e secreto, mas continuaria vedado aos analfabetos. As reivindicações dos trabalhadores foram parcialmente aceitas, com a criação da Justiça do Trabalho, do salário mínimo, jornada de oito horas diárias e férias anuais, mas demorariam para ser implementadas efetivamente. Nesse ponto, o governo teve uma derrota, pois defendia a existência de um sindicato único por categoria profissional, para melhor controlá-los dentro do princípio corporativo, mas a Assembleia acabou aprovando a pluralidade sindical.

A Constituição estabeleceu que a primeira eleição depois da sua promulgação seria indireta, como defendiam os membros do Governo Provisório, estabelecendo eleições diretas somente depois do fim do mandato presidencial. Assim, ficou mais fácil a confirmação de Getúlio Vargas já no poder. Em julho de 1934, 175 deputados votaram em Vargas, contra 71 que deram os votos a outros candidatos, principalmente ao conterrâneo e antigo aliado de Vargas, Borges de Medeiros.

Em meio ao equilíbrio precário da nova face da política brasileira, Getúlio Vargas, se não era unanimidade, demonstrava grande capacidade de lidar com demandas opostas, neutralizar adversários, estimular divisões e se afirmar como a possibilidade mais viável no governo do país. Mas sua liderança pessoal, ao contrário do que muitas vezes se pensa, estava longe de ser consolidada, seja entre as elites regionais, seja entre os grupos populares.

AS "MINORIAS" VÃO À LUTA: NEGROS E MULHERES NOS AGITADOS ANOS 1930

Nos anos 1930, em meio às lutas gerais da sociedade que se organizava à direita e à esquerda para mudar a vida política e social, começaram a surgir pautas de reivindicações específicas de grupos considerados "minorias sociais". Mulheres e negros passaram a se organizar de maneira autônoma, dispostos a interferir na política brasileira e conquistar direitos específicos que superassem os velhos preconceitos de uma sociedade patriarcal e racista. Já nos anos 1920, mulheres de todas as classes, trabalhadoras pobres ou madames ricas da sociedade, teciam críticas ao mundo público dominado pelos homens, ainda que sob perspectivas diferentes. Para as operárias, atuando nos sindicatos, a conquista de igualdade

▶ estava ligada à luta geral contra o sistema capitalista. Para as mulheres da elite letrada, a luta se focava no direito de voto. Em 1932, o Código Eleitoral finalmente previu o voto feminino, ainda que com algumas restrições, confirmado na Constituição de 1934.

Os afrodescendentes brasileiros também passaram a se organizar de maneira autônoma e sistemática a partir dos anos 1920. As reivindicações iniciais variavam conforme o estado. Na Bahia, surgiu um discurso identitário com base nas heranças africanas. Em São Paulo, os "homens de cor", como eram chamados os negros, se pautaram por um discurso mais "assimilacionista", lutando pela inserção em condições de igualdade na sociedade branca e burguesa. No Rio de Janeiro, a visão da "mestiçagem" como vocação da sociedade brasileira era mais dominante. Em comum a todos os grupos e discursos da militância negra, havia a crítica ao racismo, à desigualdade de oportunidades e ao preconceito. Nos anos 1930, surgiu a primeira grande organização negra do Brasil, chamada de Frente Negra Brasileira (FNB). Alguns dos seus líderes, paradoxalmente, se encantaram com o fascismo e o nacionalismo autoritário, em sintonia com parte das elites brancas da época. Mas a experiência da FNB gerou outras organizações depois da Segunda Guerra Mundial, já esboçando uma crítica mais profunda às estruturas sociais e econômicas que estavam por trás da exclusão racial e do preconceito. Em 1950, foi realizado I Congresso do Negro Brasileiro, reafirmando a luta pela igualdade racial.

O LEVANTE COMUNISTA DE 1935

Com a promulgação da Constituição de 1934, que trazia alguns avanços democráticos em termos de direitos políticos e sociais, o Brasil parecia iniciar uma nova fase em sua história. Entretanto, em um exame mais detalhado, a conjuntura de época não indicava que as estruturas políticas e valores herdados da Primeira República estivessem superados. As oligarquias regionais se revelaram ainda atuantes e vigorosas no debate da Assembleia Constituinte, decepcionando muitos que acreditavam em reformas antioligárquicas mais profundas, como fora prometido pela Revolução de 1930. Em meados da década de 1930, a economia ainda era dependente do setor agroexportador, sem nenhuma política de industrialização à vista. Se alguns direitos trabalhistas para os operários haviam sido consolidados na Constituição, a situação do trabalhador rural no Brasil continuava dramática. Para ele, não havia perspectiva de uma reforma agrária, ainda que moderada, ou de assistência social mínima que melhorassem seu nível de vida. Apenas do ponto de vista político-eleitoral podia se falar em algum avanço significativo, com a instituição do voto secreto, do voto feminino e da justiça eleitoral. Em compensação, os analfabetos – sendo o analfabetismo a condição da maioria dos eleitores que vinham das classes populares – continuavam proibidos de votar.

A efervescência política do período, por outro lado, havia gerado novas organizações, como a ANL. Essa organização era formada por vários grupos democráticos, socialistas e antifascistas que denunciavam o avanço da extrema direita e do conservadorismo autoritário, na sociedade e no próprio governo Vargas. Embora minoritária na Assembleia Constituinte, a ANL conseguiu mobilizar as ruas, levando os trabalhadores que continuavam a lutar por melhores salários e condições de trabalho.

No primeiro semestre de 1935, a ANL reuniu milhares de cidadãos em assembleias e comícios, defendendo um programa de reformas radicais que passava pela suspensão do pagamento da dívida externa brasileira, a nacionalização de empresas estrangeiras, a reforma agrária voltada para a divisão dos latifúndios e a consolidação de liberdades democráticas que permitissem a livre organização partidária e a participação de setores populares na vida política. A entidade reunia até muitos revolucionários de 1930, frustrados com o conservadorismo do governo Vargas, como alguns "tenentes" que haviam deixado o governo. O presidente de honra da ANL era Luís Carlos Prestes, líder da já lendária Coluna Prestes. Isolado no exílio em Buenos Aires e, depois de 1930, em Montevidéu, Prestes recusara a anistia do governo brasileiro e rompera com seus antigos companheiros da Coluna, acusando-os de aderir à nova ordem política pós-1930 em troca de recompensas políticas e materiais. O caminho que levou Prestes do esquerdismo socialista do final dos anos 1920 para a conversão final ao comunismo radical, por volta de 1931, não foi tranquilo. Mas o fato é que os líderes da Internacional Comunista, que na prática mandavam no PC brasileiro, percebiam no ex-líder da Coluna o futuro líder da "Revolução Brasileira". Em fins de 1931, Prestes viajou clandestinamente para Moscou.

Os soviéticos, sob a liderança autocrática de Josef Stalin, tinham planos para estimular uma revolução socialista na América do Sul, com amplo apoio da Internacional Comunista (IC). Na avaliação da IC, Prestes parecia o líder mais ousado, carismático e aglutinador de várias tendências, pelo seu prestígio. Em 1934, ele foi aceito oficialmente no PCB e em abril de 1935 voltou, secretamente, para o Brasil com a missão de transformar o país na primeira República Soviética das Américas. Com ele, vieram vários agentes da IC, como a alemã Olga Benário, que acabaria se casando com o brasileiro.

Em julho de 1935, Prestes divulgou um manifesto pedindo a derrubada do governo "odioso de Vargas" e defendendo "todo poder à ANL". Alguns dias depois, aproveitando a oportunidade causada pela radicalização dos termos desse manifesto, o governo Vargas suspendeu as atividades da Aliança, abrindo caminho para a repressão ao movimento.

Apesar da grande adesão à ANL, o movimento se dispersou depois de ser declarado ilegal, demonstrando a fragilidade de sua organização. Além disso, muitos membros da ANL não tinham simpatia por uma tomada violenta do poder, preferindo apostar na via eleitoral para conquistar o governo nacional. Vale lembrar que o Brasil, em princípio, teria eleições presidenciais em 1938 e um partido forte, de massas, capaz de articular os setores progressistas da classe média e do operariado, poderia ter um candidato com chances reais de conquistar o poder do voto.

Para os comunistas mais radicais, a proibição da ANL confirmava sua tese de que as elites brasileiras não permitiriam que a sociedade mudasse pelo voto e pela ação de um movimento de massas pacífico. Essa conclusão deu força aos militantes comunistas que atuavam no seu interior defendendo um levante armado. Depois da proibição da ANL, o PCB e a IC apostaram em um levante revolucionário; a liderança de Prestes e sua influência nos quartéis somadas ao peso comunista no movimento operário seriam a garantia da vitória. Mesmo sem a ANL, o caminho para a revolução comunista no Brasil parecia traçado e invencível. A ANL funcionaria como um movimento de massas, capaz de mobilizar vários setores da sociedade que não aceitavam nem o liberalismo oligárquico, nem o fascismo. O PCB organizaria os operários e os soldados, que seriam a tropa de choque da sonhada revolução. Os primeiros deveriam apoiá-la na forma de greves e de milícias armadas, e os segundos, com sua formação militar, se rebelariam ainda nos quartéis, impedindo qualquer reação do Exército legalista na repressão ao levante. O plano era esse, mas a realidade foi bem diferente.

No final de novembro de 1935, vários quartéis se rebelaram, em Natal, Recife e no Rio de Janeiro. Depois de quatro dias de combates, nas ruas e nos quartéis, o levante comunista foi completamente derrotado pelas forças militares fiéis ao governo. As bases operárias do PCB não estavam devidamente organizadas e preparadas para o levante, e praticamente não aderiram. A "grande revolução" parecia mais com uma "rebelião tenentista", carregada de voluntarismo e ímpeto dos rebeldes, mas pouco articulada com outros setores sociais.

A repressão policial que se seguiu foi intensa e cruel. Sob a liderança de Filinto Muller, ironicamente um ex-membro da Coluna Prestes expulso por má conduta com as finanças do movimento, a Polícia Especial do Distrito Federal (Rio de Janeiro) conduziu a captura e os interrogatórios de comunistas e simpatizantes. Muitos membros da ANL que não tinham participado do levante comunista também foram presos. O governo declarou "estado de guerra" e, na prática, as garantias e os direitos da Constituição de 1934 foram suspensos. Muitos dos presos foram barbaramente torturados, com apoio até da polícia secreta nazista, a Gestapo. O interesse dos nazistas era, sobretudo, pelos cidadãos alemães envolvidos na conspiração comunista contra o governo Vargas, como Olga Benário e Harry Berger. Olga foi presa junto com Luís Carlos Prestes em março de 1936, depois de uma grande caçada policial. Posteriormente, ela foi deportada para a Alemanha, grávida do brasileiro, morrendo em um campo de concentração antes do final da Segunda Guerra Mundial. Uma grande campanha internacional conduzida pela mãe de Prestes conseguiu retirar a filha do casal, Anita Leocádia, da Alemanha nazista. Prestes só seria libertado em 1945 (mas nem a prisão, nem a derrota do levante abalariam a lenda em torno do seu nome). O Partido Comunista Brasileiro foi desarticulado, com a prisão da maior parte dos seus líderes.

No mesmo ano foi instituído o Tribunal de Segurança Nacional, subordinado à Justiça Militar, para realizar julgamentos rápidos, nos quais os acusados mal podiam se defender, violando os rituais dos processos jurídicos tradicionais. Cerca de 1.400 pessoas foram sentenciadas por esse tribunal até dezembro de 1937.

A CONSTRUÇÃO DE UMA ORDEM POLÍTICA AUTORITÁRIA

O levante comunista derrotado, além de reforçar o anticomunismo das elites civis e militares brasileiras, serviu para consolidar o poder pessoal de Getúlio Vargas no comando do Estado brasileiro. Até os integralistas, que não tinham simpatia política pelo presidente, tiveram que se subordinar, momentaneamente, à sua autoridade e liderança na luta contra o inimigo comum de ambos, os comunistas. Os grupos liberais, sempre assustados com qualquer desordem social que pudesse ameaçar suas propriedades, privilégios sociais e valores morais, apoiaram a repressão aos comunistas.

Dentro do alto escalão do governo, a ameaça comunista serviu para justificar a opção daqueles que defendiam uma ordem autoritária escancarada, sobretudo oficiais militares de alta patente e alguns ministros. As poucas vozes liberais dentro do governo foram sendo marginalizadas politicamente. Entretanto, oficialmente, o governo Vargas prometia manter as eleições presidenciais de 1938 e fazer o país voltar à normalidade constitucional. Porém, a opção por promover um golpe de Estado realizado não para derrubar o presidente Vargas, mas para reforçá-lo dentro de uma nova ordem autoritária plena, já estava no seu horizonte.

Além dos aspectos conjunturais que favoreceram o "autogolpe" do governo Vargas, que seria realizado efetivamente em 10 de novembro de 1937, a construção da ordem autoritária foi estimulada pela elaboração de várias doutrinas políticas. Defendidas por intelectuais de renome à época, como Azevedo Amaral, Oliveira Vianna e Francisco Campos, essas doutrinas pregavam reformas estruturais no Estado brasileiro que reforçassem a burocracia, o controle da educação, a repressão e a propaganda política, como pilares de um "governo forte". O argumento central dos pensadores autoritários era que a modernização da sociedade brasileira na direção de uma "civilização industrial" deveria ser feita de maneira tutelada, conduzida por um "governo forte", para evitar que os conflitos sociais gerados nesse processo destruíssem a ordem estabelecida. Outro ponto em comum do pensamento autoritário que emergiu nos anos 1930 era a defesa da submissão das oligarquias regionais aos interesses nacionais. A "nova política do Brasil" deveria ser maior que a hegemonia imposta pelos principais estados da federação, apagando de uma vez por todas as sombras da Primeira República. Para os ideólogos autoritários, era necessário um chefe político personalista que conduzisse esse processo, cuja autoridade e estilo de governo não fossem questionados periodicamente nos pleitos eleitorais, colocando em risco as diretrizes estratégicas do desenvolvimento nacional. Nos anos 1930, isso significava, na prática, reforçar o poder e a autoridade pessoal de Getúlio Vargas.

Se havia pontos em comum entre essas várias correntes do pensamento autoritário (cientificistas, fascistas e católicos) – como o anticomunismo, o antiliberalismo, o nacionalismo conservador e o corporativismo como ideal de organização social –, existiam também muitas diferenças. Os "cientificistas" autoritários tendiam a conciliar a tutela do Estado com a manutenção de certas liberdades individuais restritas ao mundo privado dos cidadãos, limitando-o a controlar a vida pública e a planejar a economia nacional. Os católicos não valorizavam tanto o Estado como único ator responsável pela ordem social, dando mais importância à família patriarcal e à Igreja como fundamentos morais dessa ordem. Os fascistas tendiam a fundir o Estado, o partido e a sociedade em uma organização política única, o que era negado pelas outras correntes autoritárias.

As burocracias civil e militar passaram a ter um papel central nesse processo político e social, colocando-se como mediadoras entre os interesses privados de fazendeiros e donos de indústrias e o governo federal. Em grande parte, a partir da segunda metade dos anos 1930, o poder crescente de Getúlio Vargas se apoiava naquelas burocracias. A nova forma de Estado que se desenhava – mais centralizado, regulador e intervencionista na economia – nunca chegou a ameaçar o poder das velhas elites regionais, mas as submeteu a outro projeto político e econômico, pautado pela industrialização. Em tese, a burocracia técnica subordinada ao governo federal deveria disciplinar os quadros políticos e os interesses regionais e, para tal, foram criados vários órgãos burocráticos. Já em 1931, foram criados o Ministério da Educação e Saúde e o Ministério do Trabalho, voltado para a tutela sobre as classes populares e a preparação das próprias elites nas tarefas de governo e liderança. Em 1933, o Departamento Nacional do Café prometia regulamentar e planejar tecnicamente a produção, a estocagem e o comércio do importante produto, evitando que a competição desenfreada de produtores e comerciantes privados criasse um excesso de oferta da bebida e baixasse seus preços. Em 1934, foi criado o Departamento de

Propaganda e Difusão Cultural, para centralizar a propaganda oficial. Em 1936, foi criado o Instituto Nacional de Estatística e Cartografia, base do atual Instituto Brasileiro de Geografia e Estatística (IBGE). Esse furor burocrático só cresceria depois de 1937.

O Exército brasileiro passou por um processo de reorganização burocrática, tornando-se mais centralizado e hierarquizado, o que representou a liquidação do estilo tenentista de intervenção militar na política. Tornando-se um efetivo ator político instalado no coração do Estado, o Exército se via como a instituição central na mediação dos conflitos sociais e políticos. O principal líder militar era o general Góes Monteiro. Logo após a queda da Primeira República, ele escreveu o livro *A Revolução de 30 e a finalidade política do Exército*, defendendo a ideia de que o Exército era a "concentração da nacionalidade". Góes Monteiro era um dos principais entusiastas de um golpe de Estado que efetivasse uma nova ordem autoritária e modernizante, cujo alicerce central deveria ser, justamente, o Exército brasileiro.

O próprio Getúlio Vargas, em muitos discursos pronunciados antes mesmo do Golpe de 1937, denunciava "a decadência da democracia liberal e individualista".

Se havia a disposição de muitos políticos e intelectuais para um regime autoritário, era preciso esperar uma oportunidade para implantá-lo, com o menor risco de oposição.

O GOLPE DE 1937 E A CRIAÇÃO DO ESTADO NOVO

Apesar da marcha acelerada para a construção de uma ordem autoritária escancarada, com novas formulações doutrinárias e novos aparatos burocráticos, o ano de 1937 começou com a promessa do governo de que haveria eleições presidenciais em janeiro de 1938 encerrando o mandato constitucional de Getúlio Vargas. As candidaturas já estavam postas e, no fundo, nenhuma agradava o governo. As principais eram as de José Américo de Almeida, Armando Salles de Oliveira e Plínio Salgado.

José Américo de Almeida, ex-aliado do presidente Vargas, era considerado próximo dos ideais tenentistas, mais sensíveis a um Estado interventor e às questões sociais. Tinha sido ministro de Vargas, mas já não contava com a confiança do presidente. Ainda assim, era visto como o candidato oficial, e tinha apoio de Minas Gerais e de vários estados do Nordeste.

Armando Salles de Oliveira representava o federalismo e o liberalismo, sob uma fachada mais moderna e reformista, defendida pelo Partido Democrático de São Paulo. As velhas elites do PRP não se empolgaram com a sua campanha presidencial, e àquela altura preferiam se aproximar de Getúlio e ganhar postos na burocracia federal a correr o risco de perder o poder para dissidentes em seu próprio estado de origem. Ainda assim, Armando Salles agregava correntes que não tinham simpatia pelo tenentismo, nem pelo autoritarismo como soluções para os problemas nacionais.

Plínio Salgado era o chefe do integralismo e, tal como Hitler fizera na Alemanha, disputava a eleição para, posteriormente, instaurar uma ditadura de partido único, o "Estado Integral" brasileiro. Este consistiria em uma etapa superior de controle dos indivíduos e das massas em nome de ideais nacionalistas e de uma nova mentalidade, que misturava valores católicos com cultos cívicos fascistas, como o culto ao "chefe" e manifestações simbólicas de poder e união, como desfiles uniformizados.

Os candidatos já estavam em campanha aberta, com a maioria dos eleitores preferindo Armando Salles ou José Américo, quando, em meados do ano, a imprensa começou a noticiar a descoberta de um novo levante comunista em preparação. O documento, que supostamente o comprovava, foi batizado de Plano Cohen, em alusão ao líder comunista húngaro Béla Kuhn. O suposto plano de tomada de poder pelos comunistas, conforme descrito no documento, era detalhado e provocou pânico na opinião pública: haveria saques, fuzilamentos de lideranças civis e religiosas, depredações, invasões de propriedades privadas e lares, com violação das mulheres "burguesas". Mais tarde, revelou-se que o Plano Cohen era falso e tinha sido elaborado pelos integralistas para provocar uma reação das milícias fascistas. O documento, ao ser entregue para o governo, foi aproveitado por este de maneira oportunista para justificar um novo golpe de Estado. Até hoje, não se sabe se a elaboração do Plano foi feita sob encomenda do próprio governo para produzir o pânico e reavivar o anticomunismo e, consequentemente, justificar o reforço do poder de Estado para "proteger" a sociedade.

O fato é que a estratégia favoreceu Vargas. A histeria anticomunista novamente tomou conta da imprensa e de vários setores sociais influentes, entre eles os liberais, dando argumentos para que houvesse um golpe de Estado "preventivo". Obviamente, ninguém que fosse minimamente informado, a começar pelo alto escalão do governo, levava a sério uma nova ameaça comunista daquele porte. O Partido Comunista estava destroçado, seus dirigentes estavam presos e seus poucos militantes dispersos e clandestinos. Os elos com a Internacional Comunista tinham sido cortados pela repressão.

Naquela conjuntura, o que mais assustava o governo Vargas era a possibilidade de vitória de Armando Salles de Oliveira ou mesmo de Plínio Salgado, e não os comunistas. A opção liberal significaria, na visão de Vargas e de seu círculo de poder, a volta ao contexto pré-1930, quando as oligarquias davam o tom do governo federal. A opção integralista tampouco era bem-vista por setores militares e autoritários que eram contrários à política de mobilização de massas, mesmo de feição ultraconservadora, defendida pela AIB. A opção que se desenhava para Vargas, apoiada pelo Exército e pelos principais ministros, era um regime autoritário e tutelar, inspirado nos intelectuais da corrente autoritária "cientificista", mas não necessariamente fascista. Assim, a opção pelo golpe de Estado tornou-se declarada e dominante dentro do próprio governo que *já* estava no poder, com apoio passivo ou ativo de outras forças políticas atuantes na sociedade. O Exército foi o fiador definitivo dessa opção.

Em fins de setembro de 1937, o Congresso Nacional, acuado e dominado pelos governistas, aprovou o novo "estado de guerra" e suspendeu as garantias constitucionais por um período de três meses. O caminho para o golpe ficou mais fácil. Em outubro, ministros e assessores políticos defendiam a continuidade do mandato de Getúlio Vargas, convencendo os governadores e elites políticas regionais de que não seria possível a realização de eleições em 1938, sob o risco de um novo período de instabilidade política.

Os integralistas tinham sido convencidos pelo governo a apoiar o golpe em troca da nomeação de Plínio Salgado como ministro da Educação do novo regime. Na verdade, alguns meses depois da instauração do novo regime, os integralistas se rebelaram ao perceberem a armadilha de Getúlio, que nunca esteve disposto a ceder de fato espaço ao movimento integralista ou permitir-lhe o acesso aos altos postos de Estado. Getúlio era um profissional da política. Plínio Salgado revelou-se um amador.

No dia 10 de novembro de 1937, sob a justificativa de nova "comoção intestina grave", Vargas anunciou o seu golpe de Estado, o fechamento do Congresso Nacional e a suspensão da Constituição vigente. No lugar dela, o governo apresentou uma das constituições mais autoritárias da história brasileira: previa a pena de morte, o fim da autonomia administrativa federativa e a eleição indireta para presidente com mandato de seis anos. Caso curioso na história das constituições modernas, incluía o "estado de emergência" como artigo perene da Constituição, durante o qual ficariam suspensas, paradoxalmente, as garantias constitucionais aos cidadãos, já escassas.

Com apoio militar e político, a autoridade pessoal de Vargas foi reforçada pelo "autogolpe" que inaugurou o Estado Novo. De tão esperado e discutido, o ato de força não surpreendeu ninguém. Os que poderiam eventualmente reagir, como os comunistas, socialistas e aliancistas, já estavam reprimidos havia algum tempo. Não existia ninguém forte o suficiente para evitar a morte da frágil democracia ou relembrar as promessas democratizantes traídas da Revolução de 1930.

Estado Novo

VARGAS SE CONSOLIDA NO PODER

No dia 27 de novembro de 1937, menos de um mês depois da implantação do Estado Novo, realizou-se uma cerimônia um tanto curiosa quanto exemplar do novo contexto político brasileiro. Na Praia do Russel, no Rio de Janeiro, em frente a um altar sobre o qual pendia uma enorme bandeira nacional, todas as bandeiras dos 22 estados brasileiros então existentes foram queimadas, uma a uma, em uma pira. A cerimônia ainda contou com uma missa campal, conduzida pelo arcebispo do Rio de Janeiro, D. Sebastião Leme, e com um discurso de Vargas, no qual ele justificou a proibição das bandeiras regionais, além de outros símbolos estaduais brasileiros. O ato simbólico, nas palavras do presidente, visava superar uma época de "instituições inadequadas" e "rivalidades regionais", com o objetivo de consolidar a "unidade política e social do Brasil".

O golpe do Estado Novo – como ficaria conhecido –, justificado pela suposta ameaça comunista revelada pelo Plano Cohen, tinha outros objetivos políticos mais importantes e urgentes. Com a perspectiva de perder o poder pela via eleitoral e provavelmente assistir à volta da hegemonia das grandes oligarquias regionais, o grupo que estava no poder desde 1930 em torno de Vargas deu um recado claro à nação: o Estado iria tutelar e conduzir a sociedade brasileira, enquadrando sob uma política nacional centralizadora qualquer outro ente federativo (estados, municípios), com a proibição da existência de partidos políticos.

Reunido em torno de Getúlio Vargas e apoiado pelo Exército, o núcleo de poder, entretanto, não estava isolado da sociedade. Angariou apoio de industriais e de boa parte das elites regionais agrárias que, apesar dos discursos antioligárquicos do presidente, ainda tinha muito poder e influência nos seus estados de origem. Muitos membros das oligarquias, que haviam sido rotulados como "carcomidos", aderiram ao novo regime fornecendo quadros burocráticos e mantendo esferas regionais de poder.

Portanto, apesar dos discursos nacionalistas e centralizadores, não devemos compreender o Estado Novo como o fim da influência das oligarquias agrárias regionais na política brasileira, mas sua readaptação a uma nova dinâmica política e administrativa, mais centralizadora, por parte do Estado. Sua fonte maior de poder, a posse de grandes propriedades rurais, permanecia intacta, pois a política de modernização industrial proposta pelo Estado Novo não ameaçava a estrutura agrária, que continuaria sendo uma área dominada por relações de trabalho arcaicas, grandes latifundiários e uma economia voltada para o setor agroexportador.

Com os comunistas e liberais reprimidos e silenciados, Vargas só via na época uma força política capaz de tirá-lo do poder: os integralistas. Porém, como vimos, seduzido pela promessa de ocupar o cobiçado e prestigioso cargo de ministro da Educação, considerado como uma ponte para comandar a doutrinação das massas populares, Plínio Salgado apoiou o autogolpe de Vargas. Apesar da desconfiança de outras lideranças integralistas sobre as reais intenções de Vargas em dar espaço aos integralistas no novo regime, o apoio do seu chefe máximo e candidato ao posto de futuro ditador fascista neutralizou as eventuais críticas do movimento ao golpe de 1937. Efetuado o golpe, não só Plínio Salgado acabou não sendo nomeado ministro, como também Getúlio Vargas mandou dissolver a AIB com base no decreto que proibia todos os partidos políticos brasileiros.

Os integralistas, percebendo-se enganados, tentaram derrubar Getúlio através de um levante armado. Em maio de 1938, milícias integralistas invadiram os jardins da residência oficial do presidente no Rio de Janeiro e batalharam contra a segurança do palácio por várias horas. Mas o apoio do Exército a Getúlio foi decisivo, e os integralistas foram derrotados, acabando com suas principais lideranças presas ou exiladas.

Por que o Exército, marcado por valores anticomunistas, nacionalistas e autoritários, também não tinha simpatia pelos integralistas, apesar de compartilhar com eles esses valores? Em primeiro lugar, porque o integralismo era organizado a partir de uma estrutura paramilitar, com milícias civis, supostamente preparadas para o combate, que não estavam sob as ordens do Exército brasileiro, burocrático e profissional. Os generais mais influentes, como Góes Monteiro e Eurico Dutra, temiam não só perder o controle dessas milícias como também a desorganização da própria hierarquia militar, já que muitos oficiais e suboficiais eram simpáticos à AIB. Além disso, como vimos, o integralismo era uma ideologia que mobilizava politicamente as massas, e o projeto político que pautava os generais do Exército no Estado Novo não via com bons olhos essa mobilização popular, ainda que conservadora e anticomunista, pelo simples fato de que ela poderia tornar o Estado refém de um partido político ou de um líder carismático.

Em resumo, o núcleo civil e militar que comandava o Estado Novo se pautava por uma ideologia autoritária que procurava fortalecer a burocracia e o patriotismo cívico, sem mobilizar as massas a partir de milícias civis ou de um partido único e centralizado, como pregavam os fascistas.

O reforço da liderança e do culto à pessoa do presidente da República, Getúlio Vargas, criava uma referência para a ordem e a hierarquia sociais, mas não significou, ao menos até 1942, a expressão de um líder carismático e autônomo. O poder pessoal de Vargas era a ponta de um *iceberg* político e burocrático que vinha sendo construído bem antes do golpe de 1937, mas se consolidou *após* a implantação do Estado Novo. A sua autoridade pessoal, nesta perspectiva autoritária, provinha do apoio da burocracia civil e militar, das interventorias estaduais e do seu cargo como presidente da República sem sombra de outros poderes republicanos, como o Poder Legislativo ou Judiciário. Mas isso estava longe de se constituir em um poder totalitário exercido por uma liderança pessoal autônoma e incontestável.

A ESTRUTURA POLÍTICA DO ESTADO NOVO

O Estado Novo foi o momento de consolidação no processo de centralização política e burocrática em curso desde 1930. O objetivo central dessa centralização, além de evitar que os velhos antagonismos político-eleitorais entre as oligarquias regionais causassem novas instabilidades políticas e sociais (como na Primeira República), era o de conduzir um processo de modernização econômica sem ameaçar a ordem social. No contexto dos anos 1930, havia a crença de que o operariado, se não fosse vigiado, doutrinado e tutelado pelo Estado, seria uma presa fácil para a propaganda comunista (as difíceis condições de vida do operário, obviamente, não lhe tornavam um defensor natural do sistema capitalista). Mas, além do controle policial e ideológico sobre o operariado, era preciso implantar algumas medidas legais de proteção ao trabalhador. O Estado Novo impôs essa interpretação à sociedade de maneira autoritária, pois muitos políticos liberais manifestavam resistência à interferência do Estado na regulação da economia e das relações de trabalho, vistas como campos de ação exclusivos da iniciativa privada.

A dinâmica política do Estado Novo se apoiava em uma estrutura política baseada em um Poder Executivo superdimensionado, pois o Congresso (Poder Legislativo) tinha sido fechado em 1937 e o Poder Judiciário estava subordinado à presidência da República. Esse cargo era o ápice do Poder Executivo e se confundia com a própria pessoa de Getúlio Vargas, complementado pelos ministérios e pelas interventorias estaduais, nomeadas pelo presidente.

Um dos órgãos burocráticos mais importantes do regime, criado em 1938, era o Departamento Administrativo do Serviço Público (Dasp). O Dasp era responsável pela seleção, profissionalização e inspeção de todo o serviço público, fazendo o papel de um "superministério" controlador da máquina estatal. No nível estadual, os departamentos similares, chamados jocosamente de "daspinhos", eram uma espécie de conselho administrativo que assessorava o interventor estadual em matéria administrativa. Mas também eram um espaço político de atuação das elites políticas regionais que negociavam seus interesses junto ao governo federal.

Para funcionarem como espaços de planejamento e assessoria do governo central, foram criados órgãos técnicos da burocracia federal, como o Instituto Brasileiro de Geografia e Estatística (IBGE, 1938), o Conselho de Minas e Metalurgia (1940), o Conselho Nacional do Petróleo (1938), a Comissão Executiva do Plano Siderúrgico Nacional (1942), a Coordenação de Mobilização Econômica (1942) e o Conselho Nacional de Política Industrial e Comercial (1944). Muitos desses órgãos, de eficácia variável, na prática, faziam parte do esforço para coordenar o desenvolvimento econômico nacional, mas também eram espaços de negociação de interesses privados dos grandes industriais e grupos econômicos com o poder público.

Finalmente, não podemos esquecer que, dentro da burocracia do Estado, as Forças Armadas, principalmente o Exército, tiveram um papel político fundamental no Estado Novo: ajudaram a implantá-lo em 1937, deram sustentação política ao presidente, até mais ou menos 1944, e o derrubaram em 1945. A partir do Estado Novo, as Forças Armadas, e particularmente o Exército, consolidaram seu protagonismo político, já não mais através da liderança isolada de alguns generais ou das revoltas tenentistas que atropelavam a hierarquia interna, mas por meio de uma atuação organizada e coesa (apesar de continuarem existindo conflitos de interesse e correntes de opinião opostas dentro dos quartéis). O general Góes Monteiro, o mais importante líder militar do período, ao lado do general Eurico Dutra, afirmava que as Forças Armadas eram "a instituição nacional por excelência, que poderia organizar as demais forças da nacionalidade". Nasceu, a partir de então, um estilo de intervenção militar na política que se baseava em valores ideológicos tais como defesa da ordem social, anticomunismo extremo, modernização econômica e patriotismo nacionalista. Esse intervencionismo militar oscilava entre o liberalismo antipopular das oligarquias e a imposição de soluções autoritárias para os impasses políticos e conflitos sociais.

Através dessa estrutura política vigente entre 1937 e 1945, o Estado Novo desenvolveu uma tutela autoritária que tanto assegurava certa coesão das elites em suas diversas frações e grupos de interesse, quanto controlava a classe operária. A partir do final dos anos 1930, para ganhar apoio de operários e trabalhadores urbanos em geral, o Estado Novo investiu em políticas sociais e sindicais, culminando em 1943 na Consolidação das Leis de Trabalho (CLT), que serão analisadas mais adiante. Antes disso, foi implementada a Justiça do Trabalho (1939), para mediar conflitos entre patrões e empregados, e instituído o salário mínimo (1940). Os sindicatos foram oficializados e passaram a receber verbas do governo, perdendo a autonomia dada pela Constituição de 1934. Nesse processo, as lideranças mais combativas – fossem socialistas, anarquistas ou comunistas – foram afastadas ou acabaram subordinadas. O Ministério do Trabalho, um dos aparatos mais importantes do Estado Novo, controlava rigorosamente a estrutura sindical.

A partir de 1939, a propaganda oficial em torno da figura de Vargas passou a investir na imagem de "pai dos pobres". A piada dos opositores do Estado Novo dizia que Vargas era, sobretudo, a "mãe dos ricos", bem mais generosa e menos severa com as elites do que com os trabalhadores. A crítica é coerente com a observação da influência que os grandes capitalistas e as elites oligárquicas tradicionais, supostamente afastadas da política nacional em 1930, ainda continuaram a exercer após 1937. A única diferença era que agora Vargas, como chefe de Estado, fazia discursos voltados para os "trabalhadores do Brasil" e promulgava algumas medidas protecionistas que eram bem-vistas pelos operários e contrastavam com a negligência diante da "questão social" por parte dos políticos liberais que dominaram a Primeira República. Com relação aos trabalhadores rurais e camponeses, porém, o Estado Novo não atuou para retirá-los do círculo de poder dos coronéis e da miséria secular a que estavam condenados. A razão era simples: os operários urbanos eram um importante foco de rebeldia social desde o começo do século XX, e entre eles os mais subversivos eram os anarquistas e os comunistas, que atuavam em prol da revolução social. Os camponeses, apesar da grande tensão social existente nas áreas rurais, ainda não conheciam organizações e movimentos influenciados pela ideia de uma revolução social (eles só surgiriam nos anos 1950).

Essa nova estrutura de Estado tentava realizar os princípios defendidos por teóricos do autoritarismo, como Francisco Campos e Oliveira Vianna, que propagavam ideias como "racionalidade administrativa", dirigismo econômico, unidade política e supremacia da autoridade central sobre os estados da federação. A obsessão pela "organização", imposta de cima para baixo, aparece em todos os discursos autoritários da época como uma necessidade sem alternativa democrática, posto que o Brasil era visto como uma sociedade "frágil" e conflitiva, sem uma elite nacional capaz de se impor moral e politicamente ao conjunto da sociedade. Era o Estado, conduzido por uma burocracia técnica e tutelar, que deveria garantir o desenvolvimento nacional nessas condições e, ao mesmo tempo, proteger a ordem social tradicional, fundada na primazia das elites oligárquicas e burguesas e nos valores católicos.

A LUTA PELA INDUSTRIALIZAÇÃO

Após a Revolução de 1930, o novo regime parecia não ter uma política econômica muito clara, oscilando entre uma defesa puramente retórica do desenvolvimento industrial e medidas práticas de valorização do café e de outros produtos agrícolas voltados para o mercado externo.

No final dos anos 1930, esse quadro começou a mudar. O acirramento dos conflitos geopolíticos entre as potências capitalistas mais desenvolvidas do mundo, que levaria à terrível Segunda Guerra Mundial, deixou mais clara a necessidade de industrialização do Brasil, sob o risco de perder sua autonomia política e não conseguir defender-se em caso de agressão externa. Não por acaso, os militares eram os maiores entusiastas da industrialização pesada, que deveria começar pela criação de siderúrgicas e pelo desenvolvimento da indústria do petróleo. Sem esses dois setores, qualquer país se tornava militarmente frágil, temerariamente dependente do poderio industrial das potências que caminhavam para o pior conflito mundial da história.

O Brasil tinha grandes recursos naturais, como minérios e látex, e amplo potencial para produzir alimentos. Sua estrutura agrária baseada no latifúndio agroexportador, suas grandes extensões de terras improdutivas, seu parque industrial pequeno e quase todo voltado para produção de tecidos e alimentos semi-industrializados não favoreciam o pleno desenvolvimento de um parque industrial amplo e moderno. Além disso, a iniciativa privada (burguesia industrial) não tinha capitais suficientes para criá-lo. Historicamente, o Brasil era dependente de capitais e tecnologia vindos do exterior.

A partir do final dos anos 1930, o Estado passou a atuar diretamente no campo econômico, visando estimular o desenvolvimento industrial. Como planejadora e reguladora dessas políticas, a burocracia estatal tentava direcionar os recursos humanos e financeiros para determinados setores da economia considerados mais interessantes e estimular a produção agrícola e industrial. Nos anos 1940, o Estado brasileiro passou a criar empresas estatais para produzir bens industrializados que exigiam mais investimentos, como as do setor de máquinas e siderurgia. Entretanto, reiteramos que esse novo papel do Estado não significava a submissão dos grupos privados em nome de uma economia nacional estatizada. A forma de funcionamento dos organismos burocráticos privilegiava as elites econômicas, tanto do setor agroexportador quanto do setor industrial. Por exemplo, até 1941, foram compradas e queimadas cerca de 78 milhões de sacas de café, para garantir o preço do produto no mercado internacional, preservando a margem de lucro dos cafeicultores, uma medida muito próxima daquelas políticas praticadas na Primeira República. A novidade era que os interesses das oligarquias atadas ao seu agrarismo tradicional deveriam passar pelo crivo de um planejamento estatal com vista a atingir um novo patamar de desenvolvimento nacional, voltado para a industrialização. Não por acaso, grandes industriais, como Roberto Simonsen (fundador da Federação das Indústrias do Estado de São Paulo – Fiesp), Evaldo Lodi (Confederação Nacional da Indústria – CNI), Américo Gianetti (Federação Industrial de Minas Gerais) e Guilherme Guinle (Comissão Executiva do Plano Siderúrgico Nacional), eram frequentadores dos círculos do poder político no Estado Novo.

Os recursos investidos pelo Estado no desenvolvimento industrial poderiam até propiciar benesses à sociedade no longo prazo, gerando empregos e rendas. Mas era de fato ela quem bancava as despesas. Em outras palavras, o Estado, através de impostos e tributos, recolhia dinheiro de toda a sociedade e investia, quase sempre, em áreas que envolviam grandes aportes, como a siderurgia ou a infraestrutura (estradas, energia, portos). Essas atividades não despertavam o interesse dos capitais privados, pois exigiam muitos investimentos prévios e não garantiam grandes lucros no curto prazo como outros ramos da indústria.

A partir de 1937, houve uma tentativa estatal de regular a economia também no plano externo com vista a: redução da dependência financeira, controle das transferências para o exterior, estímulo a mecanismos de poupança internos. Em 1938, o governo brasileiro suspendeu o pagamento da dívida externa.

A retórica nacionalista do Estado Novo, entretanto, não deve obscurecer a análise histórica mais crítica e aprofundada. Muitos decretos-leis que nacionalizaram setores importantes da economia, como o setor de petróleo, bancário e energia elétrica, foram ineficazes contra a pressão dos interesses privados estrangeiros que dominavam esses setores.

Além disso, foi durante o Estado Novo que a influência cultural e econômica estadunidense suplantou a tradicional presença de franceses e ingleses nessas respectivas áreas. A Coca-Cola, por exemplo, tida como símbolo máximo do capitalismo norte-americano, chegou ao Brasil em 1942.

A IDEOLOGIA E A REALIDADE SOCIAL DURANTE O ESTADO NOVO

Afinal de contas, em meio a tantas contradições e interesses que tentava conciliar, como se pode definir, política e ideologicamente, o Estado Novo? Tratava-se de um Estado fascista totalitário? O nacionalismo apregoado pelas suas elites políticas era efetivo ou mera retórica para iludir as massas? O Estado Novo conseguiu impor o modelo corporativista à sociedade brasileira, como defendiam os seus ideólogos autoritários?

Nos discursos de suas lideranças e ideológicos, o Estado Novo era definido como "democracia autoritária", expressão contraditória em si mesma. O projeto inicial dos ideólogos estado-novistas era organizar uma estrutura política corporativa, altamente verticalizada, garantida pelo culto à personalidade do presidente da República e pela tutela de um Estado sustentado por uma burocracia técnica. Só assim, conforme os defensores desse projeto, os conflitos regionais e sociais poderiam ser superados, garantindo o "desenvolvimento e a integração nacionais". Na prática, porém, esse modelo corporativo encontrava resistências dentro dos setores mais pragmáticos do próprio governo e de boa parte das elites regionais e classes médias urbanas, ainda fortemente marcadas por valores liberais. A rigor, a ideologia corporativista projetada na Carta de 1937 foi letra morta em quase todos os setores da vida brasileira, e pouco modificou as estruturas sociais vigentes. A única área que, a rigor, ela se implantou, foi no sindicalismo oficial atrelado ao Estado.

A ideologia nacionalista, por sua vez, servia para inculcar um comportamento político nas classes populares, e melhor controlá-las, desqualificando os conflitos sociais que supostamente ameaçavam a unidade nacional. Ao mesmo tempo, propiciava maior coesão entre as elites, na tentativa de blindar o governo federal dos seculares interesses e conflitos localistas e regionais. A retórica nacionalista do Estado Novo também servia para afirmar o papel do Estado como construtor da "brasilidade", expressada por novos valores culturais nacionalistas que deveriam consolidar a ligação das elites com as massas populares. Tudo isso sob a tutela do presidente da República, o "trabalhador número 1", como dizia a propaganda da época. A brasilidade estado-novista deveria propiciar um encontro simbólico entre todos os grupos sociais, na formação de um novo "homem brasileiro", acima das divisões de classe e região.

O Estado Novo, mesmo criticando as formas liberais de organização política e social, e defendendo as supostas virtudes do autoritarismo no controle sobre a sociedade, não deve ser confundido com um Estado totalitário de tipo fascista. Nunca houve o desenvolvimento de mecanismos institucionais ou políticos para controlar o indivíduo e canalizá-lo para um determinado organismo político-ideológico, como um partido de massas ou uma milícia paraestatal, como foi comum na Alemanha nazista, por exemplo. Instituições tradicionais, como a Igreja Católica e as Forças Armadas, continuavam tendo primazia na formação de valores religiosos ou patrióticos que não se anulavam, nem competiam entre si. A economia nunca foi completamente autárquica (autossuficiente), estatizada ou controlada por princípios corporativos que anulavam os agentes privados e a livre circulação no mercado, aliás, cada vez mais integrado ao capitalismo mundial.

A estrutura burocrática do Ministério do Trabalho e dos sindicatos a ele integrados permaneceu, ao menos até meados de 1943, apenas isso, uma estrutura meramente burocrática de controle social. Não houve, até esse ano, uma efetiva ideologia de mobilização operária em torno da figura de Vargas, até então assemelhada mais à de um pai, às vezes severo, do que a um líder carismático de massas, como foi Juan Domingo Perón, na Argentina da mesma época. Quando Vargas resolveu esboçar uma política mais diretamente ligada à mobilização dos trabalhadores em torno de sua liderança pessoal, o Estado Novo caiu, pressionado pela elite civil e militar que não via com bons olhos essa mudança de eixo de poder. Para eles, o poder de Vargas deveria se sustentar na sua posição burocrática em conexão com as elites políticas e econômicas. A busca de um apoio na classe operária, na perspectiva dessas elites liberais tradicionais, poderia dar uma força ao poder pessoal de Vargas que não lhes interessava. Vale lembrar que Vargas nunca tinha sido uma unanimidade entre as oligarquias, como atestam as inúmeras oposições e revoltas que ele tinha enfrentado até o golpe do Estado Novo.

Um dos aspectos ideológicos mais curiosos da retórica oficial do regime estado-novista era o constante uso da palavra "democracia" enquanto praticava o autoritarismo e usava e abusava de censura, da vigilância policial e das instituições burocráticas impositivas e tutelares. Vargas dizia defender uma "democracia social", forma supostamente aprimorada da democracia moderna, voltada para a realização da justiça social e para a proteção do trabalhador pobre. A "democracia política" liberal, voltada para a liberdade do indivíduo, era criticada como um símbolo das desigualdades e do descaso do antigo regime pré-1930 para com a "questão social". O trabalhador urbano no Brasil do Estado Novo era bombardeado com mensagens patrióticas que o consideravam a base da grandeza nacional e tentavam dotar o trabalho de valores transcendentais e sublimes, ainda que o salário continuasse baixo para a maioria e a miséria fosse sua realidade cotidiana. Quando muito, o Estado Novo criou alguns mecanismos de compensação material e mediava, através da Justiça do Trabalho, conflitos entre trabalhadores e patrões. Diante do que havia antes, isso não era pouco para os trabalhadores, e nessas medidas se ancorava parte da adesão deles a Vargas.

Para favorecer a imagem do governo e do regime, foi criado o Departamento de Imprensa e Propaganda (DIP), em 1939. Na verdade, o governo já dispunha de um órgão oficial de propaganda desde 1935, mas nada comparado ao tamanho e à abrangência do novo Departamento, que cuidava da propaganda oficial e da censura à imprensa e aos meios de comunicação ao mesmo tempo. O DIP se baseava nas novas técnicas de comunicação de massa, amplamente utilizadas pelos regimes totalitários que surgiram nos anos 1930, como o nazismo alemão e o fascismo italiano. Para os teóricos do autoritarismo, a propaganda deveria se comunicar por meio de imagens e símbolos, pois as massas populares eram vistas como ingênuas e sentimentais, sem capacidade de raciocínio crítico. Essas técnicas incluíam a manipulação psicológica dos receptores da mensagem propagandística e o uso de novos meios de comunicação, como o cinema e o rádio, cujas tecnologias se aprimoraram nos anos 1930.

O BRASIL NA GEOPOLÍTICA MUNDIAL

A crise mundial da década de 1930, em um mundo ainda abalado pelos problemas econômicos evidenciados em 1929, enfraqueceu as potências capitalistas centrais, permitindo que países dependentes como o Brasil diversificassem suas parcerias econômicas. Obviamente, esse jogo diplomático e comercial era complexo e arriscado, pois em um mundo cada vez mais dividido e conflagrado era difícil se manter neutro e equidistante dos conflitos geopolíticos. No caso do Brasil, a tradicional influência inglesa e francesa era disputada por novas potências, como Estados Unidos e Alemanha. Em grande parte, a geopolítica brasileira dos anos 1930 foi marcada pelos interesses desses dois países.

Vargas, sabendo que seria impossível romper com os norte-americanos, mas também sem querer deixar de se aproveitar do crescimento da economia alemã, manteve-se neutro até o começo da Segunda Guerra Mundial, em 1939. Até esse ano, diga-se, a principal parceria econômica do Brasil no mundo era com a Alemanha nazista.

Aos olhos da oposição, tanto a liberal quanto a comunista, a retórica nacionalista e as práticas autoritárias assumidas pelo Estado Novo tornavam o regime muito parecido com os fascismos que dominavam países importantes da Europa nos anos 1930. Efetivamente, nos altos escalões do Estado brasileiro, não faltavam simpatizantes do nazifascismo mesmo antes do Golpe de 1937. Para estes, o sucesso econômico da Alemanha nazista, renascida economicamente das cinzas da Primeira Guerra Mundial, e da Itália fascista eram exemplos a serem seguidos. Nesses países, o corporativismo e a repressão haviam afastado a ameaça comunista, a economia nacional parecia se livrar da influência dos capitalistas estrangeiros e a ênfase no militarismo expansionista os havia recolocado no jogo político internacional, temidos até pelas velhas potências capitalistas como França e Inglaterra e pela nova potência comunista, a União Soviética. Mas, no caso brasileiro, como vimos, nem as Forças Armadas, nem a Igreja Católica, nem Getúlio Vargas, pessoalmente, tinham muita inclinação pelo modelo fascista-totalitário, embora não recusassem o autoritarismo com algumas doses do modelo corporativista como forma de governo e tutela social.

Entretanto, até a metade da Segunda Guerra, muitas lideranças políticas do Estado Novo defendiam a tese de que o Brasil deveria entrar no conflito ao lado da Alemanha, cujo triunfo militar parecia certo. Filinto Muller e Eurico Dutra eram os maiores entusiastas desta aliança. Afinal, até o começo de 1943, os Exércitos de Hitler não tinham perdido nenhuma batalha sequer e dominavam boa parte da Europa e do norte da África.

Mas não era assim que Vargas, Osvaldo Aranha (ministro das Relações Exteriores entre 1938 e 1944) e outras lideranças importantes pensavam. Muitos menos o presidente Franklin Roosevelt e boa parte da elite política e econômica norte-americana, que desenvolveram a "Política da Boa Vizinhança" para se aproximar política e culturalmente de brasileiros e latino-americanos em geral, evitando que as elites políticas do continente fossem contaminadas pelo vírus do nazifascismo. Em outubro de 1940, os interesses dos EUA se tornaram mais claros, com a criação de uma agência de coordenação de programas de colaboração entre a potência do norte e os países latino-americanos, chamada *Office of the Coordinator of Inter-American Affairs* (OCIAA), dirigida pelo milionário Nelson Rockfeller.

Para o chanceler Osvaldo Aranha, o Brasil deveria fazer parte da aliança ocidental comandada pelos Estados Unidos e Inglaterra contra o nazifascismo, visto por muitos liberais e mesmo por setores conservadores tradicionais como uma ameaça tão ou mais terrível do que o próprio comunismo. Afinal, a ideologia racista, a violência policial e o controle absoluto das consciências individuais e da vida cultural pelos regimes totalitários de direita eram uma ameaça às tradições humanistas, religiosas e liberais que informavam muitas dessas pessoas.

A partir de 1940, o governo norte-americano sabia que a entrada dos Estados Unidos na Segunda Guerra era uma questão de tempo, apesar de uma boa parte da opinião pública do país ser contra o envio de tropas para atuar em um conflito que julgava ser um problema unicamente europeu. Além disso, as maiores ameaças aos interesses norte-americanos não estavam na Europa, mas no Pacífico, onde o Império Japonês desenvolvia uma política expansionista bastante agressiva, ameaçando interesses geopolíticos e econômicos dos EUA na Ásia. Vale lembrar, o Japão, desde meados dos anos 1930, era um aliado estratégico dos fascismos europeus. Assim, para Roosevelt, a guerra contra o Japão também deveria ser uma guerra contra o nazifascismo europeu.

Mas afinal, o que o Brasil tinha a ver com todo este xadrez da política internacional dos anos 1930 e começo dos anos 1940? O que um país subdesenvolvido e, via de regra, pacífico tinha a ver com a terrível Segunda Guerra Mundial que acontecia, sobretudo, em terras europeias? Por que o Brasil interessava tanto às principais potências em disputa?

O Brasil, por conta de sua posição estratégica no continente americano e de seus recursos naturais, era cortejado pelas potências em conflito. A partir do começo de 1940, os Estados Unidos passaram a pressionar o governo brasileiro a se aliar às democracias ocidentais, e cortar os suprimentos de matérias-primas para a Alemanha, exigindo exclusividade na compra de minerais brasileiros (bauxita, ferro-níquel, diamantes industriais, minério de manganês, mica, titânio, entre outros). Esses minerais eram estratégicos para a indústria bélica. Outro produto primário importante para o esforço industrial de guerra era a borracha, cuja matéria-prima, o látex, era produzida em poucos lugares do mundo, entre eles, na Amazônia brasileira. Como os japoneses dominavam a outra parte do mundo que produzia o látex, o sudeste asiático, o Brasil se tornava praticamente o único fornecedor mundial em grande escala para as potências aliadas.

Além disso, a posição geográfica do Brasil o transformava numa espécie de "porta de entrada" das Américas em caso de uma invasão nazista. Depois que venceram a França em 1940, os nazistas dominavam também as colônias francesas do norte da África, ponto relativamente próximo do Nordeste brasileiro e, consequentemente, do continente americano. Apesar de muito improvável, no começo da guerra havia uma preocupação real dos Aliados com uma possível invasão nazifascista ao continente americano, agravada pelas hesitações da Argentina em se juntar à aliança antifascista liderada pelos Estados Unidos. As grandes colônias alemãs e italianas no Sul do Brasil passaram a ser vistas com desconfiança, pois eram tidas como aliadas potenciais dos Exércitos alemães em caso de invasão do território brasileiro. Sobre elas, aliás, o Estado Novo desenvolveu uma implacável política de vigilância e nacionalização cultural, proibindo, por exemplo, o ensino de alemão e italiano nas escolas comunitárias e religiosas da região.

Para os generais brasileiros, só havia sentido em entrar na Segunda Guerra se houvesse alguma vantagem militar real, como o reequipamento do material militar e a substituição do obsoleto material bélico das Forças Armadas brasileiras. Incorporando esse projeto, Vargas e os grupos industriais brasileiros sustentavam que a aliança com os EUA deveria ter uma contrapartida na forma de um impulso para o projeto de industrialização do Brasil. Nessa direção, uma série de acordos diplomáticos e militares foi assinada com os EUA entre 1940 e 1941. Em janeiro de 1942, pressionado pelos EUA, o governo brasileiro rompeu relações diplomáticas com as potências do Eixo. O Brasil finalmente tinha escolhido um lado na guerra e, como contrapartida, obteve algumas vantagens econômicas, como a construção da Usina Siderúrgica de Volta Redonda (Companhia Siderúrgica Nacional), financiada pelos EUA. Mas também pagaria um preço alto pela sua decisão diplomática.

Entre fevereiro e julho, vários navios brasileiros foram torpedeados e afundados por submarinos alemães e italianos, a maioria no Caribe e no Atlântico Norte, causando dezenas de mortos. Em agosto, a guerra chegou mais perto do território brasileiro, e de maneira particularmente trágica. Em apenas cinco dias, um único submarino alemão (U507) afundou cinco navios mercantes brasileiros, matando mais de 600 pessoas, civis na esmagadora maioria. Até então, apesar de romper relações com o Eixo, o Brasil se declarava neutro em relação ao envio de tropas para a guerra. Mas depois do "Agosto Trágico", e da grande comoção popular causada pelas centenas de mortes dos seus cidadãos, o governo brasileiro reconheceu o "estado de beligerância" entre o Brasil e as potências do Eixo. Houve protestos populares contra o nazismo, organizados por estudantes, e manifestações populares contra estabelecimentos comerciais de italianos e alemães, principalmente. Em Curitiba, até uma loja de um comerciante sírio-libanês que vendia tecidos de musselina foi saqueada, pois a multidão entendeu que o nome era uma homenagem ao ditador italiano, Benito Mussolini.

A FORÇA EXPEDICIONÁRIA BRASILEIRA

A partir da declaração de guerra às "potências do Eixo", começaram os preparativos para o envio de soldados brasileiros à Europa, onde deveriam atuar sob as ordens do Exército dos Estados Unidos. Houve uma grande dificuldade para recrutar soldados entre a população brasileira, pois muitos dos convocados ou mesmo voluntários tinham problemas sérios de saúde, como verminoses, falta de dentes e más condições físicas devido à alimentação precária.

Porém, mesmo enfrentando dificuldades humanas e materiais, a Força Expedicionária Brasileira (FEB) foi embarcada em meados de 1944, enviando 25 mil homens para a Itália. Além disso, foi organizado um grupo de aviação de caça, embrião da Força Aérea Brasileira (FAB). Era uma forma contundente de demonstrar que o Estado Novo estava ao lado das democracias ocidentais contra o nazifascismo, embora ele mesmo não fosse um regime democrático-liberal. A participação de jovens oficiais brasileiros na FEB também ajudou a aumentar a influência dos Estados Unidos no Exército brasileiro, superando o tradicional predomínio das doutrinas militares francesas e alemãs.

Ainda que tenha tido uma participação pequena na Segunda Guerra, a FEB atuou em batalhas importantes contra o Exército alemão na frente italiana, como a de Monte Castelo e a de Montese. Em Monte Castelo, a FEB participou de uma luta sangrenta, enfrentando, além dos alemães bem posicionados no alto da montanha, um inverno rigoroso com o qual os soldados brasileiros não estavam acostumados. Para os italianos, a participação brasileira é considerada uma contribuição significativa na chamada "Guerra de Libertação" local contra o nazifascismo, como atestam os vários monumentos e memoriais aos "pracinhas" brasileiros que lutaram e morreram naquele país.

> A participação da FEB na guerra vem recebendo atenção crescente da historiografia e da cultura de massa no Brasil, como mostram os muitos livros e filmes produzidos a esse respeito. Dentre os vários trabalhos que se debruçam sobre o assunto, vale destacar os estudos que, além dos aspectos que dizem respeito diretamente à História Militar do conflito, remetem a outras questões históricas e culturais. Por exemplo, essas novas pesquisas revelaram que, aos olhos dos norte-americanos, os batalhões raciais mistos da FEB eram vistos com desconfiança e curiosidade, pois negros e brancos norte-americanos não lutavam lado a lado, dada a tradição segregacionista do país.

A GUERRA E A CRISE DO ESTADO NOVO

Se não foi decisiva para o desfecho da Segunda Guerra Mundial, a entrada do Brasil no conflito abalou a política interna. Os opositores liberais de Vargas e do Estado Novo se aproveitaram para apontar uma contradição fundamental do regime: qual a coerência ideológica do um governo que dominava um país de maneira ditatorial e ao mesmo tempo lutava ao lado das democracias liberais contra o nazifascismo na Segunda Guerra?

Dentro do governo, a opção pelo lado Aliado marcou o afastamento de quadros importantes, identificados com o "partido germanófilo" (que defendia aliança com os alemães), como Francisco Campos, Lourival Fontes e Filinto Muller. Paradoxalmente, os comunistas, cassados impiedosamente por Vargas e sua polícia desde o levante de 1935, passaram a apoiar o governo, em nome da "união nacional contra o nazifascismo", considerado a maior ameaça ao socialismo e à União Soviética, "a pátria dos trabalhadores". Na visão do PCB, para vencer a Alemanha nazista qualquer aliança era válida.

A aproximação do desfecho da guerra sinalizou para os Estados Unidos que o governo Vargas não era mais um aliado preferencial, pois o discurso nacionalista do Estado Novo para a economia do país não se enquadrava no projeto de reorganização da economia mundial, baseada no livre-comércio e circulação de bens e capitais sem controle estatal, defendida pelos Estados Unidos.

Para os trabalhadores brasileiros, a guerra causou muitos problemas. Além de serem recrutados para lutar na Europa, em 1942, a disciplina das fábricas ficou muito parecida à dos quartéis; férias e faltas foram proibidas e a jornada de trabalho foi aumentada para dez horas. Para os trabalhadores rurais que se transformaram nos "soldados da borracha" enviados aos confins da Amazônia, muitas vezes fugidos das implacáveis secas do sertão nordestino, as promessas de condições dignas de vida e moradia decente não se materializaram. Com o fim da guerra, acabaram abandonados à sua própria sorte.

Por volta de 1943, Vargas estava começando a ser criticado por setores civis e militares que defendiam a realização de eleições e a volta aos marcos constitucionais liberais. Para contrabalançar a perda de influência junto às elites, Vargas buscaria apoio no operariado urbano, grupo fundamental em futuras eleições. Mas essa manobra seria o começo do fim do Estado Novo, como veremos adiante.

A invenção
da brasilidade:
a vida cultural
na "Era Vargas"

INTELECTUAIS, ESTADO E A CONSTRUÇÃO DA NACIONALIDADE

Como vimos, a discussão sobre pátria e civismo no meio intelectual brasileiro não foi inventada pelo modernismo de 1922, muito menos pela Revolução de 1930. Mas, sem dúvida, ambos os movimentos, cada qual em sua área de influência – a cultura e a política – estimularam esse debate e foram além, ensejando um novo capítulo da relação entre Estado, intelectuais e política cultural.

Os novos donos do poder, a começar pelo próprio Getúlio Vargas, sabiam da importância dos intelectuais não apenas na assessoria das políticas governamentais, como quadros da burocracia estatal, reformando a educação e a cultura, mas também como aqueles que poderiam legitimar o novo regime na imprensa, nas artes e junto à sociedade civil, sistematizando novos valores ideológicos do "Brasil Novo". Entre os intelectuais, muitos não apenas concordaram com a necessidade de um "Estado forte e centralizado", uma das questões que se discutia na época, mas também ajudaram a organizá-lo, como ideólogos e burocratas. Vários desses intelectuais formaram parte da elite burocrática do Estado pós-1930, forneceram quadros para os postos de assessoria do Poder Executivo, atuando nos ministérios, por exemplo, e como administradores diretos e funcionários técnicos dos órgãos de cultura estatais.

Portanto, a relação entre intelectuais e os valores autoritários que emanavam do Estado não deve ser vista como passiva, com homens letrados e artistas "bem-intencionados" tornando-se vítimas das manipulações de políticos espertalhões. As soluções autoritárias para a "questão nacional" ou para o campo cultural, sobretudo aquelas que envolviam a educação das massas e a imposição de valores nacionalistas às elites regionais, eram compartilhadas por vários intelectuais ideologicamente distintos entre si, como liberais, fascistas, católicos e positivistas.

Com isso, estabeleceu-se uma via de mão dupla entre o Estado e tais intelectuais. O governo federal aumentou o espaço de atuação deles, tratando-os não apenas como meros funcionários públicos em repartições obscuras, mas também como forjadores e assessores das políticas de Estado. Os intelectuais, por sua vez, passaram a ver no Estado um meio para construir os valores da "brasilidade", forjando uma nação-povo integrada e blindada contra os regionalismos desagregadores da Primeira República. O resultado dessa ação no interior do Estado, se bem-sucedida, deveria ser a formação de um novo sentimento de "brasilidade" que unisse elites e classes populares. Essa era a palavra de ordem no mundo da cultura e das artes ao longo da década de 1930.

A questão central era: como valorizar o Brasil e inventar uma "brasilidade" positiva, se na herança do debate intelectual herdado do final do século XIX predominava um conjunto de teorias pessimistas sobre a sociedade brasileira? Lembremos que o debate estabelecido a partir da "Geração de 1870", culpando os efeitos da mistura de raças e do meio tropical para explicar o "atraso nacional", duvidava da vocação da sociedade brasileira para integrar os "estágios superiores da civilização" e fazer o país ser respeitado na "comunidade das nações".

Nas trilhas dos movimentos modernistas se abriram novas perspectivas para pensar a nacionalidade brasileira, valorizando as raças misturadas e o meio geográfico tropical não como problemas, mas como estímulos para encontrar um caminho original para uma sociedade plenamente civilizada. Para tal, foi preciso reforçar as virtudes do "ser brasileiro", valorizando seus tipos humanos e sua cultura popular, para além dos elogios à natureza grandiosa e exuberante.

Mas também surgiu um novo pensamento crítico que se debruçou sobre os grandes problemas nacionais – o atraso econômico e as relações sociais arcaicas, sobretudo no meio rural – a partir de teorias diferentes daquelas que haviam predominado no século XIX.

OS INTÉRPRETES DO BRASIL: O NOVO PENSAMENTO SOCIAL BRASILEIRO DA DÉCADA DE 1930

O modernismo de 1922 e as mudanças no arranjo político em 1930 colocaram a "questão nacional" no centro do debate cultural e político. Era preciso revisar as "teorias de Brasil", herdadas do Império e do começo da República, cuja ênfase era colocada ou nas virtudes da natureza tropical grandiosa ou, seu contrário, na "degeneração" humana e social causada pelos trópicos e pela mistura de raças. Os autores que defendiam esses pontos de vista, fossem otimistas ou pessimistas, em várias ocasiões se deixavam levar por visões muitas vezes superficiais, preconceituosas ou teorias científicas generalizantes.

Nos anos 1930, em contraponto a essas análises consagradas sobre o Brasil, surgiu um novo tipo de pensamento social, mais afinado com modelos científicos e teóricos que começavam a se impor nos estudos sociológicos, historiográficos ou antropológicos. Ao menos três autores são fundamentais para entender o novo pensamento social brasileiro a partir dos anos 1930, dada sua grande influência nas décadas posteriores: Gilberto Freyre, Sérgio Buarque de Holanda e Caio Prado Júnior. Os dois primeiros tinham uma relação mais direta com as vertentes modernistas que surgiram a partir de 1922, e o último incorporou uma teoria que, até os anos 1930, poucos intelectuais utilizavam como ferramenta de análise da realidade brasileira: o marxismo.

Em 1933, Freyre publicou o clássico *Casa-grande & senzala,* no qual defendia as virtudes, ainda que não escondesse os defeitos, da "civilização do açúcar" colonial. Implantada pelos portugueses no Nordeste, a partir do século XVI, ela seria, segundo o autor, um exemplo original de um sistema econômico e social bem-sucedido. A "civilização do açúcar", sob o domínio autoritário do patriarcalismo dos fidalgos portugueses instalados na casa-grande, construiu um sistema social hierárquico, mas ao mesmo tempo integrado, sobretudo em termos raciais, propiciando uma mestiçagem original entre brancos, negros e

▶ índios. Assim, onde quase todos os autores da época (e de antes) viam defeitos a serem superados, como o mandonismo local, o meio tropical e a mistura de raças, Freyre enxergava um modelo a ser copiado, uma "democracia social" à brasileira, herança bendita dos portugueses.

No mesmo ano, Caio Prado Júnior publicou *Evolução política do Brasil*, no qual fazia uma revisão crítica da história política e econômica brasileira, desde os tempos coloniais. Prado Júnior enfatizava o conflito social como motor do processo histórico e a articulação entre ações políticas e interesses de classe (econômicos), em uma perspectiva inovadora, inspirada no marxismo. Esse sistema filosófico foi inspirado nas obras de Karl Marx e tinha como princípio a análise dos diversos campos da sociedade humana a partir da crítica das relações de poder e dos conflitos causados pelos interesses econômicos defendidos pelos grupos sociais ao longo da história. Para o marxismo, a história humana tinha um "sentido" que unia passado, presente e futuro, tendo como horizonte a futura sociedade "sem classes" e sem conflitos, a sociedade comunista. Outro livro importante do autor, *Formação do Brasil contemporâneo* (1942), desenvolvia e ampliava essa perspectiva, fazendo uma análise original da formação das estruturas sociais e econômicas do país desde os tempos coloniais. Para Caio Prado Júnior, o "sentido da colonização", com base na economia agroexportadora de larga escala (na época colonial, tendo o açúcar como base), no latifúndio e na escravidão, tinha marcado o Brasil de tal forma que seus efeitos se faziam sentir ainda no século XX, perpetuados por interesses políticos que impediam uma modernização mais ampla da sociedade.

Sérgio Buarque de Holanda também deu uma contribuição original à análise do Brasil. No livro *Raízes do Brasil* (1936), revisou criticamente os legados políticos e culturais da colonização e da escravidão, em perspectiva diferente dos dois autores anteriormente citados. Para ele, a colonização portuguesa tinha construído um sistema político que mesclava interesses privados e públicos, com predominância do primeiro sobre o segundo. O "homem cordial" seria a expressão mais original desta herança colonial – para Sérgio Buarque, a "cordialidade" não era vista como virtude, nem necessariamente significava "boa educação" e respeito às regras morais e públicas. Ao contrário, era um obstáculo à implantação da democracia e da modernização efetivas, pois significava a inclinação para resolver conflitos sociais a partir das regras do mundo privado, através de arranjos familiares, corrupção e troca de favores, reforçando as hierarquias sociais existentes e impedindo a disseminação de uma mentalidade republicana e democrática no Brasil.

Posteriormente, essas visões seriam alvo de questionamentos pela historiografia, antropologia e sociologia. Ainda assim, ler essas obras clássicas é um exercício fundamental de formação intelectual. Além do que, várias das análises nelas desenvolvidas continuam ainda atuais e instigantes. Para esses importantes autores, "pensar o Brasil" era não apenas mergulhar em um problema, mas também buscar soluções.

A HORA E A VEZ DOS INTELECTUAIS

Como vimos, na primeira metade da década de 1930, a sociedade brasileira vivenciou momentos de mobilização social – marcada por ideologias de direita e de esquerda – inéditos em sua história. As de direita acabaram se tornando hegemônicas na vida política e no núcleo do governo federal, ajudando a construir a política autoritária vigente, sobretudo, na ditadura do Estado Novo a partir de 1937. Até esta data, entretanto, não podemos negligenciar a pluralidade de posições intelectuais e o debate sobre como deveria ser o Brasil do futuro e qual o papel do Estado nesse processo.

Os intelectuais se dividiram em várias posições, estéticas e ideológicas, tentando influenciar o núcleo do poder e formatar a "cultura brasileira". Bem ao seu estilo de liderança política, Getúlio Vargas tentava abrigar as diversas posições intelectuais sob o Estado, criando várias instituições para controlar os interesses em conflito, acomodando setores intelectuais da extrema direita, liberais conservadores e democráticos, católicos, positivistas. Até mesmo alguns socialistas ocuparam postos, ainda que subalternos, na burocracia cultural. O governo procurava estimular a adesão dos intelectuais e artistas à "causa nacional", mesmo que lida a partir de diversas perspectivas ideológicas. O que não se admitia, sobretudo depois da implantação do Estado Novo, era a atuação de intelectuais diretamente junto aos sindicatos operários ou a publicação de críticas diretas aos valores ideológicos oficiais e à figura do presidente da República.

Entre os intelectuais adesistas do novo regime podemos mencionar: Cassiano Ricardo (verde-amarelista), Cecília Meireles (católica modernista), Oliveira Vianna (positivista e eugenista), Gustavo Barroso (fascista). Na oposição ao Estado Novo, havia comunistas, como Jorge Amado, Graciliano Ramos e José Lins do Rego, socialistas, como Dionélio Machado, católicos, como Murilo Mendes, e liberais, como Erico Verissimo.

A POLÍTICA CULTURAL
E A BUROCRATIZAÇÃO DA CULTURA

A política cultural gestada ao longo dos anos 1930, com maior organização e direcionamento a partir de 1937, foi o viés privilegiado de ação dos intelectuais que dirigiram ou assessoraram vários órgãos burocráticos criados na época.

A política cultural governamental tinha como eixo o Ministério da Educação, ocupado desde 1934 por Gustavo Capanema e o Departamento de Propaganda e Difusão Cultural, dirigido por Lourival Fontes, criado no mesmo ano, embrião do futuro Departamento de Imprensa e Propaganda (1939). Nesse sentido, ambos, Capanema e Fontes, podem ser considerados os paradigmas do burocrata-intelectual do período varguista, muito atuantes antes mesmo da implantação do Estado Novo de 1937. Se Capanema era expressão da mistura, um tanto paradoxal, de catolicismo conservador, vanguarda modernista e liberalismo reformador, Fontes tinha simpatia pelo integralismo e sonhava em construir um regime fascista no Brasil calcado no controle da cultura e na propaganda de massas. Não por acaso, ele perderia o cargo no DIP em 1942, quando o Brasil se aliou às democracias contra o nazifascismo na Segunda Guerra Mundial.

O Ministério da Educação sob o comando de Capanema abrigava intelectuais de diversas filiações ideológicas. O chefe de seu gabinete, por exemplo, era o poeta Carlos Drummond de Andrade, grande autor da poesia modernista e simpatizante do comunismo.

Além de Gustavo Capanema e Lourival Fontes, outros nomes estão presentes de maneira regular junto à burocracia cultural construída após a Revolução de 1930. Edgard Roquette-Pinto, introdutor da radiodifusão no Brasil, foi diretor do Museu Nacional, do Serviço de Radiodifusão Educativa e do Instituto Nacional do Cinema Educativo. Nesses espaços culturais, ele tentava desenvolver projetos voltados para a educação de massas, de caráter cívico e conservador. Roquette-Pinto tinha aversão à cultura de massas, ao cinema comercial e à música popular. Quando ele doou sua emissora de rádio para o governo, em 1936, o fez com a condição de que nela jamais se fizesse propaganda comercial ou se tocasse música popular.

Gustavo Barroso era diretor do Museu Histórico Nacional (MHN), fundado e dirigido por ele desde 1922. Sua trajetória pessoal é uma síntese do intelectual que atuava em várias frentes culturais e políticas. Desde a primeira década do século XX, foi jornalista no Ceará, seu estado natal, diretor da Escola de Menores da Polícia do Distrito Federal (atual Rio de Janeiro), secretário do interior e de justiça no Ceará, por onde se elegeu deputado federal (1915-1918). Participou de missões diplomáticas, e desde 1922 dirigia o MHN. Nos anos 1930, foi dirigente da Ação Integralista Brasileira, defendendo abertamente o antissemitismo (a perseguição aos judeus) como política de Estado, tal como se fazia na Alemanha nazista. Suas obras literárias misturam temas folclóricos, históricos, linguísticos, além de pura doutrina integralista. Mesmo com o Golpe de 1937 e a repressão à AIB, Barroso não foi demitido dos seus cargos públicos, acomodando-se à nova realidade política. Na verdade, como diretor do MNH sobreviveu ao fim do Estado Novo, largando o posto somente com sua morte, em 1959.

Rodrigo Mello de Franco Andrade é um exemplo de intelectual participante do modernismo que se tornou um quadro importante da nova burocracia cultural. Atuando no jornalismo desde os anos 1920, quando participou da *Revista do Brasil*, começou a trabalhar no recém-criado Ministério da Educação e Cultura logo após a Revolução de 1930. A partir de então, destacou-se na discussão sobre a defesa do patrimônio histórico e arquitetônico, sendo um dos fundadores do Serviço do Patrimônio Histórico e Artístico Nacional (SPHAN), órgão criado em 1937 e dirigido por ele nos 30 anos seguintes. Ao lado de Mário de Andrade, intelectual paulista que era um dos líderes dos modernistas, Rodrigo Mello de Franco Andrade elaborou a legislação básica de proteção ao patrimônio cultural, embora entre os dois houvesse certas diferenças de concepção. Enquanto Mário de Andrade se preocupava com a preservação do que hoje é chamado de "patrimônio imaterial", legado da tradição oral das classes populares, Rodrigo de Mello Franco acabou por enfatizar a preservação e o tombamento dos grandes monumentos arquitetônicos criados pela administração colonial e pela presença da Igreja Católica desde o século XVI, com especial foco na arquitetura barroca. Ambos consideravam o barroco o nascimento de uma cultural original no Brasil colonial, que já não era mera cópia dos padrões culturais e arquitetônicos europeus.

Cassiano Ricardo, jornalista e escritor paulista com passagem pelo modernismo, continuou atuando na imprensa e produzindo literatura oficial para o Estado. Desde 1936, engajou-se na produção de uma revisão histórica das bandeiras, dando um tom nacionalista à historiografia das expedições dos bandeirantes para o sertão, até então vistas como expressão dos valores e virtudes regionais da "raça paulista". Em 1940, escreveu *Mar-*

cha para oeste, uma das obras mais representativas da ideologia nacionalista do Estado Novo, na qual ligava este à tradição "integradora" das bandeiras paulistas, como se estas fossem expressão de um sentimento de brasilidade em gestação desde os tempos coloniais.

Depois de 1930, foram criados a Secretaria de Educação Musical e Artística (Sema), o Serviço Nacional do Teatro (SNT), o Instituto Nacional do Livro (INL), o Museu da Inconfidência em Ouro Preto e o Museu Imperial em Petrópolis.

A Sema foi proposta por Heitor Villa-Lobos em 1932, entusiasmado com o novo contexto político do Brasil, que estimulava patriotismo e nacionalismo. O grande compositor e maestro, ao contrário de sua participação na Semana de 1922, quando quis chocar a plateia, propunha agora uma música de caráter nacionalista e que ajudasse a congregar as massas, sob o patrocínio do Estado. A ideia era disseminar o canto coral erudito, o chamado "canto orfeônico", exercitando através dele a disciplina e o civismo entre alunos e professores do sistema escolar. O maestro participou de diversas manifestações públicas do canto orfeônico e compôs obras sinfônicas grandiosas, como as *Bachianas,* série na qual misturava elementos da cultura musical popular com a música erudita.

O INL foi criado com a pretensão de elaborar uma grande *Enciclopédia Brasileira,* além de disseminar bibliotecas nas cidades do país. Foi dirigido por Augusto Meyer, escritor gaúcho ligado ao modernismo. Do INL participou também aquele que era talvez o grande intelectual brasileiro da época: Mário de Andrade. A relação de Mário de Andrade com o Estado dirigido por Vargas era ambígua. Mário era um entusiasta da intervenção estatal na cultura, mas, ao contrário da época em que foi secretário de cultura da cidade de São Paulo (1934-1938), Mário se ressentia da falta de autonomia política junto ao governo central. A sua consciência liberal também não se sentia muito à vontade trabalhando para uma ditadura simpática aos fascismos.

Além de trabalharem nos órgãos burocráticos mencionados, os intelectuais atuaram na imprensa e em revistas culturais patrocinadas pelo Estado. Os jornais e as revistas oficiais eram dirigidos por intelectuais afinados com o Estado Novo, como *O Dia* e *A Manhã* (Cassiano Ricardo), *A Noite* (Menotti del Picchia), *Cultura Política* (Almir Andrade).

Outro exemplo da íntima relação entre o mundo letrado dos intelectuais e os interesses da política de Estado foi a eleição de Vargas para a Academia Brasileira de Letras (ABL) em 1943. Vargas não era propriamente um escritor, mas isso pouco importava para os envolvidos na transformação de Vargas em "imortal", como eram chamados os membros da Academia. A ABL e o Estado, desde os primórdios da República, eram então espaços de atuação das elites letradas que se revezavam entre os cargos públicos e a atividade literária, e nela se consagravam como escritores reconhecidos oficialmente.

PRODUÇÃO CULTURAL
E PROJETOS CULTURAIS EM CONFLITO

O processo cultural patrocinado pelo Estado deveria resgatar a nacionalidade das raízes populares, dando forma à "alma nacional" que "adormecia nas classes populares", principalmente nos camponeses que não tinham influência dos meios de comunicação, como o rádio e o cinema, saturados de obras estrangeiras que desagradavam os intelectuais nacionalistas. "O povo" passou a ser visto como fonte de inspiração para os novos valores estéticos e ideológicos, uma espécie de matéria folclórica "bruta e inconsciente" que deveria ser lapidada por um "saber superior" vindo do mundo letrado e erudito. "O povo" também era alvo das ações pedagógicas e da propaganda do Estado. Contudo, muitos dos projetos de dirigismo cultural por parte do Estado ficaram só no discurso, com pouca capacidade de moldar as classes populares como queriam alguns intelectuais.

Em primeiro lugar, havia limites na intervenção dos intelectuais abrigados no Estado, mesmo na fase mais autoritária do governo Vargas. A vida cultural das massas urbanas estava mais voltada para o consumo de filmes e canções que não tinham a chancela dos intelectuais eruditos. Comédias e melodramas hollywoodianos, filmes e canções carnavalescos ou românticos se chocavam com o projeto dos intelectuais de criar uma cultura em bases letradas e eruditas, ainda que inspiradas no folclore nacional.

Paradoxalmente, o Estado Novo, ao estimular a modernização econômica, acabou também incentivando a cultura de massa, veiculada pelo mercado de filmes, programas de entretenimento nos rádios, revistas impressas de variedades e canções populares. Nesses campos onde os produtos culturais eram produzidos e vendidos dentro das regras de mercado e das demandas de gosto popular, a ação dos intelectuais era limitada. Os seus projetos culturais pareciam se chocar com o mundo real da cultura e das preferências sociais mais amplas.

O centro de poder do governo, a começar pelo próprio presidente da República, estimulava as duas faces de sua política cultural – aquela ancorada em projetos intelectuais dirigistas e letrados e outra mais permeável à dinâmica do mercado de bens culturais massificados e diversos, sem um conteúdo ideológico doutrinário. Estimulando o primeiro grupo, Vargas ganhava legitimidade. No segundo, aumentava sua popularidade junto às massas, estratégia essencial a partir do início do Estado Novo. Exemplo dessa contradição dentro das políticas culturais foi a atuação do Estado como dono de empresas radiofônicas. A Rádio MEC era voltada exclusivamente para uma programação "literocultural", como se dizia na época, à base de palestras e música erudita, enquanto a Rádio Nacional era voltada para o entretenimento das massas e sustentada pela publicidade comercial.

A música foi outro campo de disputa nos anos 1930. O governo patrocinou iniciativas ligadas à música erudita e ao uso educativo da música folclórica de origem rural, mas, ao mesmo tempo, normatizou a publicidade comercial radiofônica em 1931 e deu espaço nas suas rádios ao samba, muito criticado por intelectuais eruditos. Em contraponto, a "escola nacionalista" na música erudita, defendida por Mário de Andrade, Villa-Lobos e pelo jovem Camargo Guarnieri, procurava desenvolver uma música sinfônica tipicamente brasileira, mesclando formas universais e valorizadas na tradição clássica com sonoridades e materiais da cultura popular, das danças e cantigas reunidas pelas pesquisas folclóricas.

No final dos anos 1930, surgiu o "samba exaltação", de conteúdo ufanista, cívico e nacionalista. O modelo desse tipo de samba era a canção "Aquarela do Brasil" que, em sua letra, decantava as belezas da natureza brasileira e o convívio harmônico de "raças" no país, ao mesmo tempo que, em sua parte musical, incorporava o som das *big bands* do jazz norte-americano e dos arranjos sinfônicos sofisticados. Esse tipo de samba se contrapunha àqueles que exaltavam a boêmia e a malandragem, típicos do começo da década de 1930, que eram alvo da censura do DIP por desviar-se da ideologia do trabalho e do civismo.

Se havia músicas populares ufanistas, também havia canções de teor mais crítico, como "Recenseamento" (de Assis Valente, 1940), grande sucesso na voz de Carmem Miranda, que colocava em dúvida a confiança dos pobres no Estado, sugerindo um jogo de dissimulações e resistências:

> Em 1940
> lá no morro começaram o recenseamento
> E o agente recenseador
> esmiuçou a minha vida
> foi um horror
> E quando viu a minha mão sem aliança
> encarou para a criança
> que no chão dormia
> E perguntou se meu moreno era decente
> E se era do batente ou era da folia
> Obediente eu sou a tudo que é da lei
> fiquei logo sossegada e falei então:
> O meu moreno é brasileiro, é fuzileiro,
> e é quem sai com a bandeira do seu batalhão!

O CINEMA EDUCATIVO QUE O VENTO LEVOU...

Nos anos 1930, o cinema já tinha uma história de 40 anos, mas ainda era uma novidade no campo pedagógico. Os intelectuais brasileiros que atuavam nesse campo, como Edgar Roquette-Pinto, ficaram fascinados com o potencial educativo dos filmes dentro e fora das escolas. Seja na forma de documentários científicos e culturais, seja na de ficções que também tivessem fins didáticos, o cinema começou a ser pensado como veículo de educação. A invenção do "cinema falado" em fins dos anos 1920 tinha aberto um novo campo técnico, articulando imagens e sons, favorecendo a transmissão de mensagens ideológicas para as massas populares, especialmente voltado para adultos sem escolaridade e crianças em processo de formação escolar. Mas como realizar tal projeto educativo em um país atrasado como o Brasil? Como concentrar recursos para produzir filmes, sempre caros, financiando tecnologias sofisticadas e recursos humanos em larga escala? Como fazer chegar o filme educativo às salas de cinema e às escolas?

▶ O surgimento do Instituto Nacional do Cinema Educativo (Ince), em 1936, dirigido por Roquette-Pinto, tinha por objetivo superar estes desafios e incorporar o cinema, definitivamente, como elemento de educação das massas. Dentro da tradição intelectual vigente, acreditava-se que as massas seriam mais sensíveis a uma educação ancorada em imagens e sentimentos veiculados pelos filmes do que a uma educação baseada em lições teóricas e conceitos abstratos. O Ince tentou se capacitar para produzir filmes de dois tipos: "filmes educativos populares", voltados para as salas de cinema, e "filmes educativos escolares", a serem exibidos nas escolas. Além disso, o Ince acabou também produzindo registros científicos e culturais voltados para a formação e divulgação científica.

O sonho dos criadores do Ince era chegar às massas nos mais distantes rincões do Brasil, mas na prática, os pouco mais de mil projetores distribuídos pelo governo se concentravam em escolas de São Paulo, Minas Gerais e Distrito Federal. O Instituto produziu cerca de 250 filmes até 1947 (quando se encerrou a direção de Roquette-Pinto), a maioria dirigida por Humberto Mauro, contratado pelo órgão e considerado um grande cineasta brasileiro à época. Em 1940, Mauro dirigiu *Os bandeirantes,* filme que misturava linguagem do documentário e do melodrama para contar a saga dos paulistas desbravadores dos sertões coloniais brasileiros.

O cinema comercial brasileiro também tentou incorporar as diretrizes pedagógicas do Ince. Dentro desta tendência, o mesmo Humberto Mauro dirigiu *Argila,* outro filme que misturava difusão de conhecimento científico, com diálogos que pareciam aulas, e melodrama, ao contar a história de amor de uma moça rica e ilustrada por um artesão interessado em cerâmica indígena.

O fato é que parecia faltar alguma coisa para esses filmes ganharem os corações e as mentes das massas populares. O ritmo lento da narrativa, os roteiros falhos, baseados em diálogos solenes e teatrais, e a cenografia limitada não eram páreo para o cinema hollywoodiano e seus espetáculos técnicos impactantes, que já no final dos anos 1930 dominavam o circuito de exibição no Brasil. Em 1939, o público poderia até ser obrigado a ver os filmes do Ince nas escolas, mas preferia mesmo ver ... *E o vento levou.*

Naquela época, só as chanchadas carnavalescas fariam alguma sombra ao cinema estadunidense junto às plateias populares, ainda assim longe de ameaçar o seu domínio de mercado. Mas elas não faziam parte dos planos educativos dos solenes intelectuais do Estado Novo.

AS REFORMAS EDUCACIONAIS

O Ministério da Educação era o ponto de convergência de intelectuais, inclusive muitos opositores declarados do Estado Novo. O prestígio e o poder político de Gustavo Capanema à frente desse Ministério davam um caráter de instituição relativamente aberta dentro de uma ordem autoritária, em que o debate era possível, ainda que dentro de certos limites. Coube ao Ministério organizar uma grande reforma educacional, conciliando, na medida do possível, os diversos projetos em disputa. E eles não eram facilmente acomodáveis, pois expressavam perspectivas ideológicas e teóricas muito diferentes de intelectuais e educadores. Não por acaso, os debates sobre a reforma da educação brasileira patrocinados pelo Ministério, conhecida como Reforma Capanema, estenderam-se desde meados dos anos 1930 até 1944. Desse grande debate, participaram várias correntes pedagógicas, mas o grande confronto deu-se entre católicos e "escolanovistas".

Os intelectuais católicos conservadores, organizados desde os anos 1920 com apoio da Igreja Católica, procuravam defender o papel fundamental do ensino religioso (leia-se, católico) no processo de modernização da sociedade brasileira. As políticas de expansão de um ensino público e laico não tinham a simpatia da Igreja, que se via como responsável pela formação dos valores morais e por manter o conhecimento escolar conciliável com as doutrinas católicas. Além disso, a Igreja comandava uma vasta rede escolar privada. Causava pavor aos intelectuais católicos a disseminação de um ensino laico, materialista e cientificista, sobretudo entre as classes populares submetidas ao ensino "primário". Ao mesmo tempo, a Igreja percebeu que não podia descuidar da formação superior das elites, pois elas seriam responsáveis pelas políticas públicas, e não deveriam romper com a tradição católica, vista como essencial para manter as hierarquias sociais e os valores tradicionais da família patriarcal no processo de modernização e urbanização crescentes.

Por outro lado, havia educadores que, mesmo sem querer romper completamente com as crenças religiosas (pois muitos deles eram católicos), defendiam a completa separação entre Estado e Igreja, sendo o primeiro o eixo de uma política educacional laica, visando à formação de quadros profissionais, técnicos e superiores que acompanhassem e servissem à modernização da sociedade e da economia. Estes setores lançaram o *Manifesto dos Pioneiros da Escola Nova* (1932), assinado por Anísio Teixeira, Fernando Azevedo, Cecília Meireles, Roquette-Pinto e Hermes Lima. O manifesto defendia, de maneira contundente, uma escola pública, gratuita e laica, com métodos de ensino mais modernos e estimulantes do que a velha técnica da repetição e memorização. Valorizava também o mérito do aluno no processo de aprendizado, estimulando sua autonomia intelectual. Essa escola, que segundo o manifesto ainda não existia como sistema educacional integrado no Brasil, deveria ser um elemento de democratização da sociedade, ajudando a superar as diferenças socioeconômicas de origem. Os escolanovistas defendiam, ademais, o controle do sistema escolar pelo Estado e uma escola "única" que fornecesse uma educação igual, de qualidade, para todos, ricos e pobres.

Um dos grandes conflitos entre católicos conservadores e escolanovistas se deu por ocasião da fundação da Universidade do Distrito Federal (UDF), em 1935, durante a administração do prefeito progressista do Rio de Janeiro, Pedro Ernesto. A UDF deveria ser uma universidade aberta às experiências de formação superior defendidas pela Escola Nova, com Afrânio Peixoto, um dos signatários do manifesto de 1932, à frente da reitoria. Mas sob a acusação de estar abrigando simpatizantes do levante comunista de 1935, Pedro Ernesto teve que ceder às pressões para demitir o reitor e vários professores. O próprio prefeito, muito popular no Rio de Janeiro, acabaria preso em 1936. A partir daí, o controle da UDF foi disputado por católicos e integralistas, e a própria universidade foi fechada em 1939, absorvida pela Faculdade Nacional de Filosofia da Universidade do Brasil, controlada pelo Ministério da Educação e dirigida pelo intelectual católico Alceu de Amoroso Lima.

A educação básica também foi objeto de um grande debate, pois era considerada estratégica na formação futura das classes populares e do "novo homem brasileiro". Como deveria ser a estrutura do ensino? O ensino deveria ser profissionalizante (preparando o aluno para o trabalho) ou propedêutico (preparando-o para seguir nos níveis escolares superiores)? O Estado deveria impor um ensino laico, com base no conhecimento científico e especializado? Como vencer o analfabetismo que ainda dominava grande parte da população? O que fazer com os adultos que haviam largado a escola nos anos iniciais?

Essas questões eram respondidas de maneira diferenciada conforme a ideologia de cada corrente pedagógica. Mesmo vencidos no jogo político, os adeptos da "Escola Nova" ainda mantiveram sua influência depois de 1937. Por outro lado, católicos e simpatizantes do fascismo ganharam mais espaço no debate oficial depois do Estado Novo. Até as Forças Armadas tinham seu projeto pedagógico próprio, calcado nos ideais militares de civismo e patriotismo. O resultado desse grande debate foi uma reforma que procurou acomodar interesses e posições.

A Igreja foi atendida pela manutenção do ensino religioso na escola pública, ainda que opcional. As Forças Armadas conseguiram impor a disciplina de Educação Física ministrada por professores formados nos manuais militares de preparação do corpo e culto à disciplina coletiva. Aqueles que defendiam uma escola laica conseguiram aumentar o espaço para o ensino das disciplinas científicas. E as elites econômicas que, junto com setores do governo, pressionavam por um ensino profissionalizante para as classes populares, também conseguiram impor um sistema educacional paralelo, patrocinado por entidades ligadas ao comércio e à indústria como o Senai (Serviço Nacional de Aprendizagem Industrial). Através de "Leis Orgânicas", o Estado criava então um sistema escolar altamente regrado para cada área de formação: indústria, comércio, agricultura, além do ensino secundário dividido em áreas técnicas-profissionalizantes e propedêuticas.

Entretanto, o ensino primário em massa nunca chegou às regiões rurais mais remotas, e com o aumento expressivo da migração para as cidades, estimulada pela industrialização dos anos 1940 em diante, a capacidade do poder público em criar escolas nos bairros distantes do centro sempre foi muito menor do que a demanda das populações. Assim, apesar do grande debate sobre educação dos anos 1930, ela não se transformou em uma política pública que integrasse governo federal, estados e municípios, nem significou dar prioridade máxima à escolarização em massa da população. O ensino superior e mesmo o ensino secundário continuaram restritos às elites e a setores mais abastados das classes médias.

E como a alfabetização era o primeiro passo para um cidadão se tornar eleitor, as consequências políticas das opções educacionais do governo e do analfabetismo entre os adultos continuaram reforçando a exclusão social.

CULTURA, CENSURA E PROPAGANDA

O Departamento de Imprensa e Propaganda, criado em 1939, era o grande aparato burocrático do Estado Novo. Atuava na censura e na propaganda de massas, em várias áreas e meios de comunicação, como na imprensa, rádio, teatro e cinema. Controlava até as imagens turísticas do Brasil voltadas para o exterior e organizava eventos culturais, esportivos e cívicos, como o do Dia do Trabalho. Tinha sob seu controle os departamentos estaduais, que deveriam promover o Estado Novo e a figura de Vargas junto à vida política e social dos estados brasileiros, controlados por interventores.

Após 1937, a propaganda delimitava o debate intelectual, direcionando a produção ideológica dos intelectuais e vetando temas proibidos. A propaganda do Estado Novo valorizava o trabalho e o trabalhador como categorias idealizadas essenciais para a grandeza nacional, na tentativa de formar uma classe operária ordeira e disciplinada, imune à ação dos militantes comunistas, anarquistas ou socialistas. Essa valorização simbólica do trabalho era acompanhada de políticas trabalhistas efetivas, como a reserva de mercado para trabalhadores brasileiros, a "educação para o trabalho", a "organização científica" do processo de produção, as leis trabalhistas de proteção aos empregados e, por fim, a organização burocrática centrada no corporativismo. Como vimos, este deveria harmonizar as classes, sob o patrocínio do sindicalismo burocrático e sob controle do Estado.

Os intelectuais a serviço do Estado forjavam conceitos, símbolos e imagens de valorização do trabalho, do nacionalismo cívico e do culto ao presidente da República, Vargas. O DIP produzia muitas peças de propaganda, como os cinejornais, matérias de jornais (oficiais), panfletos, cartilhas infantis, programas de rádio. Todo esse aparato se inspirava nas técnicas de propaganda de massa importadas dos Estados Unidos e da Europa e se baseava na crença de que as massas só podem pensar e se expressar através de imagens e sentimentos, e não de conceitos abstratos e racionais. Preconceitos à parte, a propaganda se mostrava eficaz.

As festas cívicas, muito comuns a partir de 1939, procuravam agregar as multidões de trabalhadores em torno da figura de Vargas, e, por consequência, em torno do Estado Novo, visto como guardião dos valores nacionais e da ordem social. O rádio foi utilizado de maneira eficiente pela propaganda oficial, alternando uma programação de entretenimento com a publicidade oficial, cujo exemplo maior era a *Hora do Brasil*, transmitida para todo o território do país. A Rádio Mauá, por exemplo, era ligada ao Ministério do Trabalho e veiculava uma programação dirigida aos trabalhadores, reforçando a imagem pessoal de Vargas, o "trabalhador número 1".

Se todo esse aparato falhasse na conformação das consciências em torno do Estado Novo, a censura e a repressão policial se encarregariam dos opositores.

A censura, realizada a partir de 1939 também pelo DIP, não era organizada apenas para inculcar nas classes populares os valores do Estado Novo, mas também para impedir determinados temas no debate do público leitor de jornais. Em grande parte, o intervencionismo censório na imprensa, cujos jornais em sua maioria eram de propriedade de grupos familiares tradicionais, foi o responsável pelo incômodo das elites liberais em relação a Getúlio Vargas. Mesmo depois da sua queda, quando quis mudar sua imagem política para se adaptar aos novos tempos da democracia eleitoral, nunca seria perdoado por ter cerceado a liberdade de expressão das elites e seus jornais. O DIP, por outro lado, publicava uma das mais prestigiadas revistas da época, a *Cultura Política*. Curiosamente, essa revista revelava certa pluralidade de posições sobre diversos temas culturais e políticos.

A produção literária começara a década de 1930 demonstrando um grande vigor criativo e crítico, com a emergência do romance de temas sociais. Mas o clima repressivo pós-1937 fez com que ela perdesse força no final da década. A dura vida das classes populares foi narrada em grandes romances realistas dos anos 1930, tais como *O quinze* (1930, Rachel de Queiroz), *Menino de engenho* (1932, José Lins do Rego), *Jubiabá* (1935, Jorge Amado) ou *Os ratos* (1935, Dionélio Machado). Mas essa perspectiva crítica se tornou impossível no clima de caça aos comunistas e no ambiente político dominado pelo autoritarismo de Estado e censura do final da década.

Apesar da mencionada aproximação com temas e personagens populares, o encontro entre intelectuais letrados e classes populares era muito difícil. Não havia um público leitor disseminado e, mesmo atuando com o apoio do aparato estatal, muitos intelectuais se sentiam isolados das massas, apesar de toda sua vontade de engajamento nas "causas nacionais" ou nas "causas sociais".

A poesia melancólica, lírica e engajada de Carlos Drummond de Andrade expressou bem esses dilemas do mundo intelectual, isolado das classes populares e, ao mesmo tempo, tentando mudar o mundo, como no poema "O Operário no Mar", de 1940:

Para onde vai o operário? Teria vergonha de chamá-lo meu irmão. Ele sabe que não é, nunca foi meu irmão, que não nos entenderemos nunca. E me despreza... ou talvez seja eu próprio que me despreze a seus olhos. [...]. Agora está caminhando no mar. Eu pensava que isso fosse privilégio de alguns santos e de navios. Mas não há nenhuma santidade no operário, e não vejo rodas nem hélices no seu corpo, aparentemente banal. Sinto que o mar se acovardou e deixou-o passar. [...]. Único e precário agente de ligação entre nós, seu sorriso cada vez mais frio atravessa as grandes massas líquidas, choca-se contra as formações salinas, as fortalezas da costa, as medusas, atravessa tudo e vem beijar-me o rosto, trazer-me uma esperança de compreensão. Sim, quem sabe se um dia o compreenderei?

(Carlos Drummond de Andrade, *Sentimento do mundo*, 1940)

OS INTELECTUAIS E O FIM DO ESTADO NOVO

O antifascismo crescente e a leve distensão política do Estado Novo a partir de 1943 deram novo fôlego ao debate intelectual, sobretudo no campo oposicionista. Surgia, naquele contexto, um novo tipo de engajamento intelectual, marcadamente antifascista e opositor da ditadura varguista. De artífices do autoritarismo conservador de direita, a maior parte dos intelectuais iria se transformar em foco de críticas do Estado Novo, inspirados cada vez mais em valores democráticos e de esquerda.

As mudanças de forma e conteúdo da política varguista, após 1943, parecem estar no centro de um rearranjo geral dos atores políticos, incluindo aí os intelectuais. Em certo sentido, a invenção de uma nova política de massas ancorada nos sindicatos de trabalhadores fez com que muitas ilusões e expectativas conservadoras em torno de Vargas se diluíssem. Os liberais que criticavam Vargas por ser um ditador "fascista" agora temiam que ele se tornasse um ditador "populista". O próprio Vargas, aliado das democracias na Segunda Guerra, não podia manter os intelectuais simpáticos ao nazifascismo no alto escalão governista, fazendo com que eles perdessem espaço político no governo. Por outro lado, o socialismo e o comunismo exercerão cada vez mais o fascínio sobre os intelectuais, preparando a grande virada ideológica à esquerda do mundo intelectual brasileiro dos anos 1950 e 1960, que passará a formular a questão nacional e popular sob outras bases ideológicas.

A virada crítica do mundo intelectual em relação ao Estado Novo teve como marco o Congresso Brasileiro de Escritores, realizado em janeiro de 1945 no Teatro Municipal de São Paulo. O clima intelectual na capital paulista era francamente antivarguista, apesar do controle, da repressão e da adesão de alguns escritores (como Menotti del Picchia e Cassiano Ricardo) prestigiados nas elites regionais ao governo federal. O evento, organizado por liberais (Sergio Milliet), socialistas (Dionélio Machado) e comunistas (Jorge Amado), retomou o princípio do frentismo intelectual antifascista que inspirara a Aliança Nacional Libertadora dez anos antes do congresso. Apesar da proibição do DIP, o congresso aprovou, solenemente, uma "declaração de princípios", lida pelo comunista Astrojildo Pereira, que se posicionava abertamente pela democracia, pela realização de eleições para a presidência da República e pela liberdade de expressão. O documento concluía: "O Congresso considera urgente ajustar-se os princípios da organização política do Brasil aos princípios aqui enunciados, que são aqueles pelos quais se batem as forças armadas do Brasil e das Nações Unidas."

Um mês depois, o governo promulgava um Ato Adicional à Constituição, propondo uma agenda de redemocratização. Era o começo do fim do Estado Novo. Mas não de Getúlio Vargas à frente da política nacional.

Da crise do Estado Novo nasce uma República democrática

MAIS UM GOLPE DE ESTADO, DESTA VEZ CONTRA UMA DITADURA...

Uma das maiores dificuldades da historiografia é explicar com clareza por que um regime autoritário, com amplos recursos repressivos, capitaneado por um presidente-ditador imposto com apoio das Forças Armadas em 1937, foi deposto por esses mesmos militares em outubro de 1945. O que teria acontecido entre a implantação do Estado Novo, quando a solução autoritária se impôs com amplo apoio e quase nenhuma resistência efetiva, e sua deposição, quando a ditadura de Getúlio Vargas não mais se sustentava entre as elites políticas civis e militares?

A entrada do Brasil na Segunda Guerra Mundial ao lado das democracias liberais e as mudanças no núcleo político do Estado Novo, com as saídas dos simpatizantes do Eixo, sinalizaram uma nova conjuntura política que impunha adaptações à "democracia autoritária" em vigor.

O BRASIL E A NOVA GEOPOLÍTICA MUNDIAL DO PÓS-GUERRA

A Segunda Guerra foi um momento fundamental do século XX na reorganização da ordem mundial. Os arranjos geopolíticos e diplomáticos europeus que vinham do século XIX, abalados pela Primeira Guerra Mundial, pela Revolução Russa e pelos fascismos, não valiam mais. Além disso, fora da Europa, uma nova potência econômica ganhava uma dimensão política mundial: os Estados Unidos. À frente das Nações Unidas, como eram chamados os Aliados que combateram o Eixo (Alemanha, Itália e Japão), os norte-americanos já projetavam uma nova ordem mundial para o pós-Guerra desde 1943, junto com os ingleses e soviéticos. A União Soviética comunista liderada por Josef Stalin adotava um sistema político e econômico oposto às democracias ocidentais, mas naquele momento da guerra todos estavam contra os regimes nazifascistas.

Temendo uma marginalização diplomática e econômica do país entre os vencedores, o Brasil participou do esforço de guerra, enviando soldados à Europa e ajudando a derrotar o nazifascismo. O Brasil estava entre os 50 países que fundaram a Organização das Nações Unidas (ONU) em 1945, ficando com a missão honorífica de realizar o discurso de abertura a partir da segunda Assembleia Geral. Homenagens à parte, os líderes brasileiros ficaram decepcionados com o lugar que foi reservado ao país na nova ordem mundial. O Brasil queria ser membro permanente do clube restrito do Conselho de Segurança da ONU, verdadeiro órgão de poder dentro da entidade, mas foi vetado pelos soviéticos, que temiam que o país sempre votasse junto com os Estados Unidos, seu tradicional aliado, no Conselho.

No pós-Guerra, a América Latina não era mais prioridade dos Estados Unidos, mais preocupados com a Europa e com a Ásia, palcos principais da Guerra Fria, como passou a ser chamado o conflito diplomático e militar com o bloco soviético a partir de 1947. A tão esperada ajuda econômica para a industrialização pesada não veio, nem sequer o reequipamento militar a baixo custo acalentado pelo Exército brasileiro.

O Brasil ainda continuou dependente da exportação de café para pagar suas contas.

A rigor, a própria Constituição de 1937, apesar de ser francamente antidemocrática, previa a realização de um plebiscito para confirmar ou não sua vigência. A consulta popular deveria ocorrer ao final da "primeira fase do mandato presidencial", previsto para durar 6 anos, que, portanto, fora atingida em novembro de 1943. Com a desculpa do "estado de guerra" com as potências do Eixo, o plebiscito foi adiado pelo presidente, sem data definida para acontecer. Vargas enfrentava oposição crescente de grupos liberais que em fins de 1944 passaram a contar com o apoio nos quartéis. Assim, o presidente e alguns assessores mais próximos começaram a pensar em alternativas para sua sobrevivência política em uma conjuntura na qual a convocação do plebiscito ou mesmo de eleições gerais seria inevitável.

Percebendo ser impossível lutar contra processo de redemocratização, exigência para a legitimação do governo assim que a guerra acabasse, e vendo setores influentes da sociedade adensar as críticas liberais, Getúlio Vargas e seus principais assessores começaram a procurar novas bases sociais de apoio. É neste momento que surge o trabalhismo e se consolida a imagem de um Getúlio Vargas "líder de massas", pela qual ele seria lembrado na História do Brasil.

A CLT E A "INVENÇÃO DO TRABALHISMO"

A imagem de Vargas como liderança incontestável na conjuntura política imediatamente posterior à Revolução de 1930, ou como "líder carismático" das massas trabalhadoras desde seu surgimento no cenário político brasileiro, é um tanto exagerada. Na verdade, Vargas encabeçou o Governo Provisório em 1930 mais pelo fato de ter sido o candidato à presidente derrotado nas eleições no ano anterior e por vir de uma oligarquia regional influente, que tomara a iniciativa militar da Revolução. Mesmo preocupado com a questão operária, o novo regime não se caracterizou, imediatamente, pela construção de uma liderança personalista e carismática voltada para a sedução das massas trabalhadoras. Como vimos, a liderança política pessoal de Vargas no comando do Estado só se consolidou após muitas turbulências, vencidas uma a uma pela sua capacidade política em acomodar demandas de setores influentes, neutralizar inimigos e adaptar-se às circunstâncias. Sua ascendência junto à classe operária também foi um processo construído de maneira lenta e planejada, com impulso efetivo somente após a implantação do Estado Novo. Foi a partir de 1942 que o núcleo político do governo se deslocou, paulatinamente, para o Ministério do Trabalho. Seu novo titular – Alexandre Marcondes Filho – passou a articular uma relação mais organizada e efetiva entre a presidência da República e os sindicatos oficiais.

Desde 1939, o Dia do Trabalho era uma festa oficial pública e de massa, realizada no Estádio de São Januário, reunindo milhares de trabalhadores em torno das autoridades do Estado Novo. A cada solenidade, Vargas anunciava uma nova medida do Estado em defesa dos "trabalhadores do Brasil", como a criação da Justiça do Trabalho (1939), a fixação do valor do salário mínimo (1940), a "Marcha para Oeste" (1942), a Consolidação das Leis do Trabalho (1943) e a Lei da Previdência (1944). Apesar de prometer a criação da legislação social para o trabalhador rural desde 1941, deixou esse setor fora das políticas trabalhistas do Estado Novo, evitando conflitos com as bases de sustentação do governo nos estados, ainda dependente das oligarquias regionais.

Em 1943, o governo anunciou, com pompa e circunstância, a CLT (Consolidação das Leis do Trabalho), um grande corpo de leis que reunia e sistematizava toda a legislação trabalhista brasileira, mesclando proteção ao trabalhador com medidas de controle das organizações operárias, com grande poder de tutela sobre elas a partir do Ministério do Trabalho. A carteira de trabalho foi reformulada, normatizando os contratos entre patrões e empregados, e possibilitando o controle burocrático pelo Estado da vida profissional dos trabalhadores. Muitos direitos foram reiterados na CLT, como férias, descanso semanal, condições de segurança e higiene dos locais de trabalho, ainda que na prática não fossem efetivamente aplicados pelos patrões, nem fossem alvo de fiscalização eficaz por parte do governo federal. Para muitos historiadores, a CLT foi inspirada na *Carta del Lavoro* do fascismo italiano, mas novas pesquisas têm demonstrado que as fontes de inspiração da CLT foram diversas, com alguns pontos inspirados na legislação de defesa do trabalhador proposta por partidos e governos social-democratas.

Essas medidas foram recebidas como "benesses" do Estado pela maioria dos trabalhadores brasileiros que viviam em condições de extrema exploração e não tinham uma tradição de livre organização sindical. No final dos anos 1930, o anarquismo era uma corrente quase desaparecida da militância operária mais atuante, e o comunismo ainda não tinha se firmado como alternativa sindical efetiva, até pela grande repressão sofrida pelo Partido Comunista desde 1935. Assim, o Estado pôde atuar como "organizador" de uma classe operária que tinha sofrido grandes mudanças demográficas ao longo dos anos 1930, passando a ser composta majoritariamente por brasileiros natos, oriundos das classes populares urbanas ou migrados recentemente do campo, e não mais por operários estrangeiros com larga experiência em militância sindical. A Lei dos 2/3, promulgada em 1931, nacionalizara a classe operária, exigindo que esta fração fosse ocupada nas fábricas (e também nas empresas comerciais) por brasileiros de nascimento.

A nacionalização da classe operária, a propaganda em torno de Vargas como "pai dos pobres" e a intensa campanha de filiação aos sindicatos oficialmente reconhecidos, promovida pelo Ministério do Trabalho a partir de 1942, consolidaram a liderança varguista na classe operária brasileira. De caudilho militar e quadro oligárquico, Vargas transformou sua imagem, tornou-se "pai dos pobres" e "líder de massas". Uma mistura de propaganda de massa, cooptação de lideranças sindicais, repressão e percepção de que o Estado outorgava direitos sociais inexistentes antes de 1930 foi empregada neste processo. Não por acaso, essa aproximação de Getúlio Vargas com as massas foi percebida pelos liberais e pelos militares como uma perigosa manobra visando à continuidade do seu governo.

Durante o Estado Novo, a propaganda do governo
enfatizou a relação de Vargas com os trabalhadores
(sobretudo operários), com especial atenção
para a festa oficial do Dia do Trabalho.

Não se pode dizer que Vargas tenha apostado apenas no apoio dos operários para se manter no poder. O presidente sabia que, sem o apoio dos chefes políticos estaduais, ele não conseguiria se manter na direção do governo, principalmente sob um futuro regime político baseado em eleições regulares. Desde 1937, muitas lideranças políticas regionais haviam se acomodado nas novas estruturas de poder criadas pelo Estado Novo e não lhes interessava romper com Vargas. Os interventores estaduais, nomeados pelo presidente, aliaram-se a quadros políticos tradicionais, oriundos dos partidos regionais oligárquicos da Primeira República. Com a perspectiva da redemocratização, em 1945, eles passaram a articular a criação de um partido político que reunisse as elites regionais mais pragmáticas em torno do projeto nacionalista e industrializante dentro do campo de influência de Vargas.

Como sempre, Vargas tentou conciliar interesses opostos e se manter em equilíbrio entre eles. Porém, cada vez mais, aumentava a oposição ao seu governo e ao Estado Novo em sua totalidade.

OS LIBERAIS ROMPEM O SILÊNCIO: NASCE O ANTIGETULISMO

A percepção de que Vargas preparava uma nova base social de apoio, cujo eixo seria a classe operária, aguçou ainda mais o antigetulismo dos setores liberais, tradicionalmente elitistas. Para estes, Vargas já tinha uma imagem consolidada desde 1937: a do ditador autoritário, repressor das oposições e manipulador de instituições e lideranças políticas. Setores relevantes das oligarquias e das classes médias em que o liberalismo tinha mais influência, como São Paulo e Minas Gerais, se tornaram focos importantes do antigetulismo.

Em outubro de 1943, membros da elite liberal das Minas Gerais lançaram o *Manifesto dos Mineiros*, documento que teve grande impacto político. O manifesto destacava a necessidade de redemocratização com base na realização de eleições livres e na volta das liberdades civis básicas, denunciando a contradição em que o governo estava mergulhado, ao lutar pela democracia na Europa, mas não a praticar dentro do próprio país. O governo reagiu punindo vários dos signatários, acusados de insuflar "nosso pior inimigo: as divergências internas". Vargas prometeu a normalização da vida política do país para logo após o fim da Segunda Guerra, em "ambiente próprio de paz e ordem".

Em dezembro do mesmo ano, Armando Salles de Oliveira, candidato a presidente em 1937 e inimigo de primeira hora do Estado Novo, lançou a partir do exílio um manifesto pela redemocratização intitulado *Carta aos brasileiros*. Nele, apelava aos sentimentos supostamente democráticos dos militares, para que lutassem contra a ditadura do Estado Novo. Em 1937, seu apelo para que o Exército não apoiasse o golpe não dera resultado, mas em fins de 1943, o contexto era outro.

Naquele momento, a posição política das Forças Armadas era paradoxal. Consideradas a base da estabilidade política do regime, elas não ficaram imunes à mudança da geopolítica mundial ocorrida à medida que as potências fascistas iam perdendo a guerra. A criação da FEB, tantas vezes adiada por Getúlio, expôs os militares brasileiros à influência direta dos Estados Unidos, assumindo cada vez mais a defesa de um ideal de democracia liberal como sua missão estratégica. No contexto brasileiro, isso significava reforçar uma tradição política elitista, que não via com bons olhos a mobilização política da classe trabalhadora em torno de um partido de massas de ideologia socialista ou trabalhista, de manifestações sindicais politizadas ou de uma liderança carismática que dominasse o ambiente político. Os militares, em grande parte compartilhando a visão de mundo das oligarquias (criticadas por eles em outros aspectos, como o seu regionalismo desagregador), desconfiavam de que a mobilização de operários sob a liderança de Vargas colocaria em risco a ordem social e a "coesão nacional". Entretanto, a alta cúpula do Exército ainda se mantinha fiel ao regime que ajudara a construir, demorando até fins de 1945 para derrubar o presidente e aderir à tese da "redemocratização sem Vargas", como apregoavam os liberais.

Ao longo de 1944, sob o signo comum do antigetulismo e das desconfianças generalizadas de que Vargas preparava alguma manobra para se perpetuar no poder, setores civis e militares passaram a criticar duramente o presidente, considerando-o um obstáculo à redemocratização. A sua própria condição de "presidente-ditador", paradoxalmente, enfraquecia sua candidatura à presidência em futuras eleições, pois isso diminuiria a legitimidade da eleição e engrossaria os argumentos de que a transição democrática era apenas uma fachada para o "continuísmo".

A estratégia de Vargas de lançar-se como candidato único à presidência da República em uma futura eleição ou plebiscito mostrava-se praticamente inviável nesse contexto de oposição crescente ao Estado Novo. Em meados de 1944, mesmo sem data para a eleição, a oposição liberal antigetulista lançou Eduardo Gomes, herói tenentista e sobrevivente da Revolta do Forte de Copacabana em 1922, como seu candidato ao cargo de presidente da República.

O início de 1945, com a aproximação da vitória aliada na Europa, foi marcado por ações ainda mais contundentes da oposição antigetulista. Em janeiro, como vimos, o Congresso Brasileiro de Escritores lançou um manifesto pela democratização do Brasil, demonstrando que o apoio da intelectualidade ao governo Vargas ficara reduzido a intelectuais menores, já sem capacidade para ditar a agenda do debate que se desenhava no meio cultural mais reconhecido e valorizado. Muitos intelectuais que na década anterior haviam sido seduzidos pelos valores autoritários foram definitivamente contaminados pela luta antifascista, convertendo-se para o campo democrático. Intelectuais católicos, liberais e comunistas, mesmo discordando entre si em sua visão de mundo e seu modelo de sociedade ideal, convergiram naquela conjuntura para a defesa da democracia e das liberdades civis.

Em fevereiro, o jornal *Correio da Manhã*, influente órgão da imprensa carioca, rompeu o controle do DIP e publicou uma longa entrevista de José Américo de Almeida, ex-ministro de Vargas e candidato à presidência em 1937. Almeida acusava Getúlio de ser um oportunista ("um homem providencial") e o povo de estar anestesiado pela propaganda, acreditando em uma legislação trabalhista que só era "avançada no papel", pois não era posta em prática.

Ficava claro que as bases autoritárias do Estado Novo perdiam a legitimidade nos setores mais influentes da sociedade brasileira. Nesse ambiente de oposição crescente, o regime ainda tentou uma transição controlada para a democracia, mesmo com a significativa diminuição do apoio ao presidente.

DEMOCRATIZAR COM OU SEM GETÚLIO?

Era inevitável dar uma resposta às oposições que não fosse mais repressão e mais censura à imprensa. Ainda em fevereiro de 1945, o governo Vargas resolveu tomar a iniciativa política, para evitar que a oposição desse o tom da transição política para um novo regime.

A primeira medida do governo foi a promulgação do Ato Adicional n. 9, que previa a realização das eleições em data ainda a ser marcada. Logo depois, propôs um novo Código Eleitoral e marcou as eleições presidenciais para dezembro, junto com as eleições para o Parlamento. Pelas regras eleitorais, Vargas poderia concorrer nas eleições presidenciais, desde que deixasse de ser presidente da República. Publicamente dizia que não tinha interesse em concorrer ao cargo, mas poucos confiavam no homem que dera um "autogolpe" de Estado em 1937 e rasgara a Constituição que ele mesmo, como presidente eleito em 1934, jurara defender. Mas se colecionava cada vez mais inimigos, Vargas ainda conseguia fazer novos aliados no jogo político.

Em abril de 1945, o governo decretou anistia a todos os presos políticos, beneficiando, sobretudo, os comunistas, duramente reprimidos desde 1935. Aliado momentâneo na luta contra o nazifascismo, o Estado Novo reatou relações diplomáticas com a União Soviética, no mesmo mês. A mão estendida aos comunistas – que desde 1943 tinham emitido sinais de apoio ao governo Vargas em nome da "União Nacional" na guerra contra o fascismo – contrabalançava a perda crescente de influência nos setores conservadores, criando uma conjuntura política complexa na qual o presidente acenava para vários grupos políticos, mas, bem ao seu estilo, não se comprometia efetivamente com nenhum.

Dentre os comunistas libertados das cadeias, o mais notório era, sem dúvida, Luís Carlos Prestes, preso por quase dez anos. Durante sua prisão, Olga Benário, sua esposa e mãe de sua filha, fora deportada com autorização de Vargas para a Alemanha, onde morreu em um campo de concentração. A história do líder comunista brasileiro tinha se tornado mundialmente notória, e sua aparição em comícios públicos depois que saiu da prisão era muito concorrida. Ainda na cadeia, ele tinha sido eleito secretário-geral do Partido Comunista, tornando-se sua liderança máxima.

Para surpresa de muitos, e condenação geral da imprensa conservadora anticomunista, Prestes endossava a opção dos comunistas que apoiavam a democratização, mas não se opunham à continuidade de Getúlio. Na avaliação dos comunistas, o nacionalismo econômico do governo Vargas era um contraponto válido ao "imperialismo capitalista", considerado o maior inimigo do comunismo e da classe operária. Esta, além do mais, era visivelmente simpática ao presidente. Com a Lei Antitruste, em junho de 1945, que dificultava a concentração de empresas controladas pelo capital estrangeiro, o governo atendia ainda mais aos setores políticos nacionalistas, o que naquele momento contemplava as diretrizes do PCB. Em 1945, comunistas e trabalhistas estavam lado a lado na defesa de uma Assembleia Nacional Constituinte com Getúlio ainda no poder. Ao contrário dos liberais, os comunistas não condicionavam a volta da democracia à saída do presidente.

Os liberais defendiam a tese contrária: primeiro, Getúlio deveria ser derrubado, para só depois a nova Constituição ser elaborada sem a sombra do ditador. Com a candidatura de Eduardo Gomes em ascensão, os grupos antigetulistas organizaram a União Democrática Nacional (UDN), o primeiro dos grandes partidos nacionais surgidos no processo de redemocratização de 1945. Fundada no dia 7 de abril, a UDN era inicialmente uma frente heterogênea de inimigos do Estado Novo. Reunia oligarcas tradicionais oriundos da Primeira República (Octavio Mangabeira, Júlio Prestes), socialistas moderados (Hermes Lima e João Mangabeira que mais tarde fundariam o Partido Socialista Brasileiro), dissidentes da Revolução de 1930 (Juraci Magalhães, Juarez Távora, José Américo de Almeida), liberais declarados, signatários do *Manifesto dos Mineiros* (Afonso Arinos, Virgílio de Mello Franco e Pedro Aleixo). Os udenistas tentavam angariar apoio militar e norte-americano para, eventualmente, derrubar Getúlio pela força. A imagem do ditador disseminada pela UDN era a de um político inescrupuloso e ardiloso, que poderia comprometer o livre jogo eleitoral. Com o tempo, a UDN se firmou como um partido liberal elitista, crítico da relação entre sindicatos e Estado e da intervenção estatal na economia. Portanto, ao contrário do que defendiam os getulistas.

Os setores ligados ao governo, obviamente, não ficaram paralisados na corrida presidencial. A burocracia sindical e previdenciária, fortalecida pela ação do Ministério do Trabalho desde 1942, fundou o Partido Trabalhista Brasileiro, em maio de 1945. As interventorias estaduais se articularam, com apoio discreto do presidente, para organizar o Partido Social Democrático (PSD). Fundado em julho de 1945, o PSD reuniu os vários grupos regionais que apoiavam Getúlio ou eram beneficiários do Estado Novo, como Agamenon Magalhães (PE), Benedito Valadares (MG) e Ernani Peixoto (RJ). Para se contrapor a Eduardo Gomes, o PSD lançou outro militar para a presidência da República, o general Eurico Dutra, uma das lideranças militares mais importantes do Estado Novo. Mas só às vésperas das eleições, Vargas apoiou a candidatura de Dutra.

A entrada de um novo ator em cena – a classe operária – acabaria por complicar ainda mais o processo político, culminando na deposição forçada de Vargas.

A VOLTA DA FEB E O QUEREMISMO

A Força Expedicionária Brasileira, depois de batalhas vitoriosas amplamente comemoradas pela imprensa, estava com a data marcada para o retorno triunfal ao Brasil. O primeiro escalão desembarcaria no Rio de Janeiro em 18 de julho de 1945, quando se aguardava uma grande manifestação popular. Os udenistas esperavam que a volta triunfal da FEB se transformasse em um grande protesto contra Vargas e o Estado Novo. O que se viu, no entanto, foi o contrário. A manifestação popular nas ruas do Rio de Janeiro saudou os pracinhas, mas também saudou Vargas com entusiasmo quando ele apareceu ao fim do desfile militar.

Festividades à parte, Eurico Dutra, ainda ministro da Guerra do governo, tinha dissolvido o corpo expedicionário, temeroso de que a oficialidade que lutara na Europa, contagiada pelos valores democráticos liberais, tivesse à sua disposição uma tropa prestigiada e experiente em combate, disposta a derrubar a ditadura varguista. Afinal, os quartéis já estavam agitados desde o fim do ano anterior, e a volta da FEB poderia contaminar ainda mais a oficialidade antigetulista na direção de um golpe de Estado. Com a dissolução da FEB, oficiais e soldados profissionais voltaram a se incorporar às suas antigas jurisdições militares, enquanto os pracinhas que eram civis antes da irem para a guerra voltaram a sê-lo, literalmente, do dia para a noite, sem direito à pensão ou a emprego, tendo ganhado da sua experiência na guerra apenas medalhas e cicatrizes.

A manifestação popular pró-Getúlio no dia da volta da FEB sinalizou que as ruas ainda estavam com Vargas, mesmo que quisessem democracia. O fato era que o carisma do ditador, construído e reforçado pela propaganda do DIP, as medidas de proteção ao trabalho, os aumentos do salário mínimo e o tom nacionalista e paternal dos seus discursos tinham se enraizado no coração das massas trabalhadoras urbanas.

A atuação do operariado no processo de redemocratização se concretizaria no chamado "queremismo", movimento lançado em maio, que recebeu esse nome a partir do seu *slogan* principal: "Queremos Getúlio!" O empresário paulista Hugo Borghi, pertencente ao círculo de correligionários do presidente, foi o responsável por lançar o movimento e era seu principal patrocinador. O queremismo deslanchou no segundo semestre de 1945, espalhando-se por várias capitais estaduais. Os queremistas defendiam a tese da convocação de uma Constituinte e da realização das eleições presidenciais com a manutenção de Getúlio Vargas no poder. Mais do que isso, defendiam a legitimidade de sua candidatura à presidência e prometiam lutar pela sua vitória eleitoral.

Vargas continuava negando sua candidatura, mas elogiava o movimento queremista. As desconfianças da oposição, de que ele se lançasse candidato e fosse imbatível com o apoio das massas, só aumentavam. Oficialmente, o queremismo não era organizado pelo PTB, mas esse partido e o PCB eram os seus principais apoiadores, representando as duas principais correntes do movimento operário naquele contexto.

As manifestações queremistas foram vistas pelos opositores de Getúlio como a senha para um novo "golpe" para ele se manter no poder, dessa vez com um caráter mais à esquerda, apoiado pelos comunistas.

A relação entre as massas trabalhadoras, os comunistas e o líder carismático também era malvista pelos Estados Unidos, pelo alto teor de nacionalismo econômico que poderia emergir desta aliança política. Situação semelhante, embora catalisando outras forças políticas e tradições sindicais, vivia a Argentina, com a ascensão de Juan Domingo Perón como ligação entre setores militares nacionalistas e movimento sindical. Na Argentina, entretanto, o Partido Comunista e os EUA estavam contra

Perón. No Brasil, a habilidade de Vargas e a aliança firmada com os EUA na Segunda Guerra não haviam levado a tal situação.

Em setembro de 1945, Adolf Berle Jr., embaixador americano, proferiu um discurso no sindicato dos jornalistas do Rio de Janeiro. O discurso estava muito longe de significar uma crítica direta a Vargas ou um rompimento definitivo dos Estados Unidos com o governo brasileiro. Mas Berle estava visivelmente preocupado com a entrada das massas trabalhadoras no processo de redemocratização, situação que, sob sua ótica, remetia ao nefasto exemplo argentino, em que Juan Domingo Perón tinha construído uma base eleitoral popular imbatível. Em sua fala, Berle Jr. enfatizava que "Vargas não era Perón" e elogiava a convocação das eleições marcadas para dezembro, contudo, expressava preocupação com o queremismo e com a crescente presença dos comunistas na vida pública e nas manifestações de massa.

GETÚLIO VARGAS, UMA ESFINGE NA POLÍTICA BRASILEIRA

Entre 1930 e 1954, um nome agitou a política brasileira: Getúlio Vargas. Mesmo nos anos em que não esteve no comando do Estado brasileiro, entre 1946 e 1950, Vargas esteve à sua sombra, organizando correligionários, atuando nos bastidores e preparando sua volta ao cargo de presidente da República. Se em 1930 ele chegou à presidência a partir de um levante armado disposto a afastar a oligarquia paulista do poder, em 1950 ele foi eleito e consagrado pelo voto popular.

Afinal, quem foi e o que pensava Getúlio Vargas? Por que seu nome e seu legado ainda hoje mobilizam ódios e paixões? É muito difícil alinhar Vargas a uma fidelidade ideológica coerente ao longo de sua carreira política. Formou-se politicamente no positivismo gaúcho, o que explica em parte sua simpatia pela ação tutelar do Estado sobre a sociedade. Mas também era filho da oligarquia e, como tal, participara do jogo político nacional antes mesmo de 1930. Portanto, ele não propriamente um "aventureiro" quando acabou à frente do Governo Provisório em 1930, mas um político profissional. Conseguiu vencer seus adversários e inimigos, consolidando seu poder pessoal na forma de uma ditadura violenta em 1937, o que lhe valeu o rótulo de fascista dado por muitos dos seus críticos. Em meados dos anos 1940, Vargas se estabeleceu como líder trabalhista, com grande popularidade entre os operários, mas não era propriamente um socialista, nem alguém que acreditava na divisão de riquezas com as massas populares – postura que lhe valeu o rótulo de populista e demagogo. Comum a todas essas fases, podemos

▶ apontar a preocupação em fortalecer a economia nacional à base da industrialização, mas sem necessariamente ser um nacionalista radical.

Seu estilo de governo atualizava a velha fórmula brasileira, herdada dos tempos imperiais, de "decidir por decantação", o que significava esperar que todas as forças em disputa se desgastassem ao seu redor, para que ele tomasse uma decisão. Ele era mestre em acomodar interesses políticos com um cargo, com uma benesse, com uma fatia do poder. Os liberais tinham-lhe ódio mortal, seja pela "traição de classe" em razão de sua aproximação das massas trabalhadoras, seja pela desconfiança genuína de que ele era um autoritário incorrigível vocacionado para manobras políticas e golpes de Estado.

Seu suicídio em 24 de agosto de 1954 parecia decretar o fim de sua influência na vida brasileira. Nesse dia, o velho líder, isolado politicamente no Palácio do Catete, sem apoio suficiente entre as elites civis e militares, ameaçado de deposição por um novo "ultimato militar", criticado à direita e à esquerda, deu um tiro no coração. Saiu "da vida para entrar na História", como ele mesmo escreveu na sua carta-testamento.

As massas trabalhadoras que não o defenderam em vida, até porque efetivamente nunca haviam sido chamadas para tal pelo próprio Vargas, se rebelaram depois da sua morte, frustrando um golpe em 1954. A sombra do varguismo permaneceu viva, inspirando projetos da esquerda "nacional-popular", como o nacionalismo econômico, a luta por direitos trabalhistas e a distribuição de renda. Seus herdeiros políticos diretos e indiretos, como João Goulart e Leonel Brizola, levantaram essas bandeiras, e contra elas, militares e civis dariam um novo golpe, em 1964, desta vez mais eficaz. Estavam dispostos a apagar da memória nacional as heranças do "populismo", mas os próprios governos militares ditatoriais não seriam completamente alheios aos projetos do nacionalismo econômico de inspiração varguista. Eleito para presidência da República em 1994, o senador Fernando Henrique Cardoso anunciaria que, finalmente, tinha acabado a "Era Vargas", pois seu governo prometia diminuir o peso do Estado na economia e estimular o capitalismo de iniciativa privada. Mas a eleição de Luiz Inácio Lula da Silva, ex-líder sindical crítico do atrelamento dos sindicatos ao Estado, outra invenção da "Era Vargas", reavivaria a presença estatal na economia e os discursos de justiça social voltados aos "trabalhadores do Brasil".

A presença dos comunistas na vida pública foi o ponto destacado pelas manchetes dos jornais antigetulistas. A UDN, enquanto fazia campanha eleitoral, não teve maiores pudores em buscar apoio nos generais mais influentes do Exército e na embaixada norte-americana para derrubar Vargas. Aliás, a UDN nunca se livraria dessa contradição que está na sua origem: defender a democracia e clamar por golpes de Estado quando os resultados eleitorais não lhe eram favoráveis.

O ESTADO NOVO NASCEU DE UM GOLPE DE ESTADO E ACABOU POR UM GOLPE DE ESTADO

As crescentes manifestações queremistas e a antecipação das eleições estaduais, inicialmente previstas para março de 1946, foram retratadas como manobras continuístas de Getúlio. Como os interventores teriam que sair dos seus cargos para concorrer às eleições, seriam substituídos por administradores completamente fiéis ao governo central, com a possibilidade de usarem a máquina administrativa para manipular o pleito. Ao menos era essa a desconfiança da UDN, que passou a denunciar a manobra. As Forças Armadas se agitaram, cogitaram um golpe, mas o ministro da Guerra, Góes Monteiro, velho correligionário de Getúlio, conseguiu conter os golpistas.

Getúlio ainda não se decidira oficialmente em relação ao pleito presidencial, nem se lançando candidato, nem apoiando nenhuma das candidaturas já postas. Neste ambiente saturado de articulações palacianas, manifestações de rua e mobilizações políticas intensas, a imprensa antigetulista espalhou a notícia, sem base real, diga-se, que Getúlio suspenderia as eleições e convocaria uma Constituinte, atendendo às reivindicações do queremismo.

A nomeação do polêmico Benjamim Vargas, irmão de Getúlio, como chefe da Polícia do Distrito Federal, substituindo João Alberto, foi a gota-d'água no balde das desconfianças da oposição. João Alberto não tinha a mínima simpatia pelas manifestações queremistas, chegando a proibir um grande comício marcado para o dia 27 de outubro e, com isso, desagradando o presidente. Bejo, como era conhecido o irmão de Getúlio, era um truculento notório e dirigia uma verdadeira milícia recrutada entre os agregados dos Vargas nos confins do Rio Grande do Sul, sempre fiel, politicamente, ao irmão.

Não há maiores indícios documentais que autorizem a historiografia a endossar a tese de um golpe continuísta em marcha. Mas, na época, a oposição não quis esperar para ver. A nomeação de Benjamim Vargas fez a oposição ficar ainda mais unida e aumentou a desconfiança dos quartéis. Em 29 de outubro, o Alto Comando do Exército, articulado por Góes Monteiro e Cordeiro de Farias, com apoio resignado de Eurico Dutra, deu um ultimato ao presidente, exigindo a demissão do seu irmão na chefia da Polícia.

Surpreendentemente, Vargas acatou o ultimato militar e aceitou ser deposto pelos militares, abandonando o Palácio da Guanabara, residência do presidente. A nota oficial de Vargas falava em "traição" dos generais conspiradores, mas aceitava sua deposição como fato consumado. José Linhares, presidente do Supremo Tribunal Federal, assumiu interinamente a presidência até a posse dos eleitos na futura eleição, com apoio dos militares. A nota de Getúlio prenunciava a famosa carta-testamento de 1954 (quando se suicidaria diante de mais um ultimato militar para sua deposição):

> Deixo o governo para que por minha causa não se derrame sangue brasileiro. Não guardarei ódios, nem prevenções pessoais. Sinto que o povo, ao qual nunca faltei no amor que lhe devoto e na defesa dos seus direitos, está comigo. Ele me fará justiça.

Por que Getúlio não resistiu à sua deposição forçada em 1945? Supostamente, um líder de massas carismático, com apoio de estruturas partidárias (PTB e PCB), ainda que incipientes, e de um movimento de massas como o queremismo teria todas as condições de mobilizar as ruas contra os quartéis e palácios. Mas a decisão de Getúlio Vargas em acatar o ultimato militar sem convocar nenhuma resistência talvez revele a essência do DNA político do getulismo e de seus herdeiros políticos, como João Goulart, o presidente deposto pelo Golpe de 1964. A linhagem política getulista, ainda que defendesse reformas e incorporação das massas trabalhadoras na vida política, não abria mão de realizar este processo através do controle das estruturas burocráticas e jurídicas do Estado, e não por meio de um (arriscado) movimento de massas. Era pelos fios do Estado, além de sua capacidade de manter a ordem social e agregar forças políticas tradicionais, que a modernização deveria ser feita. Fora disso, é de se supor que Getúlio considerasse qualquer ação política como aventureira, imprevisível e incontrolável. Apelar para a sempre imprevisível politização das ruas talvez fosse demasiado para um estadista conservador, sistemático e calculista. Esta pode ser uma chave para compreender a esfinge política de Getúlio Vargas e do getulismo, cuja sombra pairaria por toda a República a partir de 1946, aglutinando devoções e ódios apaixonados na mesma medida.

Mesmo afastado do poder, retirado para sua fazenda na longínqua São Borja (RS), Vargas não parou de fazer política. Embora hesitasse em apoiar Dutra, um dos candidatos que haviam ajudado, ainda que passivamente, na sua deposição, o pragmatismo e o calculismo de Vargas falaram mais alto. Impedido de se candidatar para as eleições presidenciais, Getúlio manifestou oficialmente o apoio do PTB a Eurico Dutra, candidato sem carisma que não tinha a preferência dos operários.

Uma gafe política de Eduardo Gomes contribuiu muito para sua derrota nas eleições. Em um comício, o candidato da UDN disse que não precisava dos votos de "marmiteiros", ou seja, dos trabalhadores pobres, para se eleger presidente. Mas naquele contexto eleitoral, apesar de apenas 10% da população ter direito a voto, ele não poderia ter se dado ao luxo de prescindir do apoio operário. Até porque, se houve uma conquista importante depois de 1930, foi a crescente moralização das eleições, garantida pela independência da justiça eleitoral e pela maior pluralidade de atores políticos, incluindo-se aí a classe operária. É possível que a mentalidade política do heroico brigadeiro de 1922, bem como de boa parte dos liberais que falavam em democracia contra Getúlio Vargas, tenha parado na Primeira República, quando as oligarquias e os coronéis fraudavam as eleições e desfraldavam seu elitismo político. Mas os tempos eram outros.

A partir dezembro de 1945, o voto dos "marmiteiros" iria efetivamente decidir quem seria o presidente do Brasil, inaugurando um novo capítulo na história da República brasileira. Ao menos até que um outro golpe de Estado, o de 1964, interrompesse aquela frágil e contraditória experiência democrática que se inaugurava sob as cinzas do Estado Novo.

Sugestões de leitura

ABREU, Martha. Histórias musicais da Primeira República. *ArtCultura*, Universidade Federal de Uberlândia, 13/22, 2011, pp. 71-83. Disponível em <http://www.artcultura.inhis.ufu.br/PDF22/abreu.pdf>. Acesso em: 2 jun. 2016.

ALMEIDA, Claudio A. *O cinema como "agitador de almas"*: *Argila*, uma cena do Estado Novo. São Paulo: Annablume/Fapesp, 1999.

BEIRED, José Luis. *Sob o signo da nova ordem*: intelectuais autoritários no Brasil e na Argentina. São Paulo: Loyola/História Social-USP, 1914/45.

BERTONHA, João Fábio. *Integralismo*: problemas, perspectivas e questões historiográficas. Maringá: Editora UEM, 2014.

BORGES, Vavy. *Tenentismo e revolução brasileira*. São Paulo: Brasiliense, 1992.

CAMPANA, Priscila. O mito da consolidação das leis trabalhistas como reprodução da *Carta del Lavoro*. *Revista Jurídica*. CCJ/Furb, ISSN 1982-4858, v. 12, n. 23, jan./jun. 2008, pp. 44-62.

CAPELATO, Maria Helena. *Multidões em cena*: propaganda política no varguismo e no peronismo. Campinas: Papirus, 1998.

CARVALHO, José M. *Forças Armadas e política no Brasil*. Rio de Janeiro: Jorge Zahar, 2005.

CASCARDO, Francisco C. A Aliança Nacional Libertadora: novas abordagens. In: FERREIRA, J.; REIS, Daniel A. *Formação das tradições*. Rio de Janeiro: Civilização Brasileira, 2007, pp. 453-92 (col. As Esquerdas no Brasil, v. 1).

CODATO, Adriano. *Elites e instituições no Brasil*: uma análise contextual do Estado Novo. Campinas, 2008. Tese (Doutorado em Ciência Política) – IFCH/Unicamp.

COSTA, Wilma. *A espada de Dâmocles*: o exército, a Guerra do Paraguai e a crise do Império. São Paulo: Hucitec/Unicamp, 1996.

DE DECCA, Edgar. *1930:* o silêncio dos vencidos. São Paulo: Brasiliense, 1980.

DUTRA, Eliana. *O ardil totalitário*: imaginário político na década de 30. Belo Horizonte: Editora UFMG, 1997.

FAUSTO, Boris. *O pensamento nacionalista autoritário*. Rio de Janeiro: Jorge Zahar, 2001.

_____. *Revolução de 30*: história e historiografia. São Paulo: Brasiliense, 1979 (1. ed. 1970).

FERREIRA, J. A democratização de 45 e o movimento queremista. In: _____ ; DELGADO, L. de A. N. *Brasil republicano*: o tempo da experiência democrática. Rio de Janeiro: Civilização Brasileira, 2003, v. 3.

GOMES, Angela de Castro. *A invenção do trabalhismo*. Rio de Janeiro: IUPERJ/Vértice, 1988.

GOMES, Flávio. *Negros e política (1889-1937)*. Rio de Janeiro: Jorge Zahar, 2005.

KAREPOVS, Dainis. *A classe operária vai ao Parlamento*: o bloco operário-camponês do Brasil (1924-1930). São Paulo: Alameda, 2006.

LAFETÁ, João Luiz. *1930*: a crítica e o modernismo. São Paulo: Duas Cidades/Editora 34, 2000.

LAHUERTA, Milton. Intelectuais e os anos 20: moderno, modernista, modernização. In: LORENZO, Helena; COSTA, Wilma (orgs.). *A década de 20 e as origens do Brasil moderno*. São Paulo: Unesp/Fapesp, 1997, pp. 93-114.

LENHARO, Alcir. *A sacralização da política*. Campinas: Ed. Unicamp/Papirus, 1987.

LESSA, Renato. *A invenção republicana.Campos Sales, as bases e a decadência da Primeira República Brasileira*. Rio de Janeiro: Topbooks, 1999.

LEVINE, Robert. *Pai dos pobres? O Brasil e a era Vargas*. São Paulo: Companhia das Letras, 2001.

LIRA NETO. *Getúlio*. São Paulo: Companhia das Letras, 2014, v. 3.

LUCCA, Tania R. *Revista do Brasil*: um diagnóstico para a (n)ação. São Paulo: Unesp, 1999.

McCANN, Frank. *Soldados da pátria*: história do Exército brasileiro – 1889-1937. São Paulo: Companhia das Letras, 2007.

MELLO, Maria Tereza. *A república consentida*. Rio de Janeiro: Editora FGV, 2007.

MORETTIN, Eduardo. *Humberto Mauro, cinema, história*. São Paulo, Alameda, 2013.

MICELI, Sergio. *Intelectuais à brasileira*. São Paulo: Companhia das Letras, 2001.

MOTTA, Rodrigo Patto. *Em guarda contra o perigo vermelho*: o anticomunismo no Brasil. São Paulo: Perspectiva/Fapesp, 2002.

NAXARA, Marcia et al. (orgs.). *República, liberalismo, cidadania*. Piracicaba: Editora Unimep, 2003.

NEDELL, Jeffrey. *A Belle Époque tropical:* sociedade e cultura no Rio de Janeiro na virada do século. São Paulo: Companhia das Letras, 1993.

OLIVEIRA, Lucia Lippi. Questão nacional na primeira república. In: LORENZO, Helena; COSTA, Wilma (orgs.). *A década de 20 e as origens do Brasil moderno*. São Paulo: Unesp/Fapesp, 1997, pp. 185-94.

PECAULT, Daniel. *Intelectuais e política no Brasil*. São Paulo: Ática, 1990.

PINTO, Céli Regina Jardim. *Uma história do feminismo no Brasil*. São Paulo: Editora Fundação Perseu Abramo, 2003.

RAGO, Margareth. Relações de gênero e classe operária no Brasil – 1889-1930. *Olhares Feministas*. Brasília, MEC/Unesco, 2007, pp. 219-38. Disponível em: <http://portal.mec.gov.br/secad/arquivos/pdf/olhares_feministas.pdf#page=219>. Acesso em: 2 jun. 2016.

SAES, Decio. *Classe média e política na Primeira República*. Petrópolis: Vozes, 1995.

SEVCENKO, Nicolau. *A revolta da vacina*. São Paulo: Cosac Naify, 2010.

SCHWARCZ, L. *O espetáculo das raças*. São Paulo: Companhia das Letras, 1989.

SCHWARTZMAN, Simon; BOMENY, Helena Maria; COSTA, Vanda Maria Ribeiro (orgs.). *Tempos de Capanema*. 2. ed. Rio de Janeiro: Editora FGV/Paz e Terra, 2000.

TRINDADE, Hélgio. *Integralismo:* o fascismo brasileiro na década de 30. São Paulo: Difel, 1979.

VELLOSO, Mônica P. Os intelectuais e a política cultural do Estado Novo. In: FERREIRA, Jorge; DELGADO, L. de A. N. *O Brasil republicano*: o tempo do nacional-estatismo. Rio de Janeiro: Civilização Brasileira, 2003 , v. 2.

VENTURA, Roberto. *Estilo tropical*: história cultural e polêmicas literárias no Brasil. São Paulo: Companhia das Letras, 1991.

VIANNA, Marly. O PCB, a ANL e as insurreições de novembro de 1936. In: FERREIRA, Jorge; DELGADO, L. de A. N. *O Brasil republicano*: o tempo do nacional-estatismo. Rio de Janeiro: Civilização Brasileira, 2003, v. 2.

VISCARDI, Cláudia. M. R. O federalismo oligárquico brasileiro: uma revisão da política do café com leite. *Anuario IEHS*, Buenos Aires, Tandil, v. 16, 2001, pp. 73-90. Disponível em: <http://www.unicen.edu.ar/iehs/files>. Acesso em: 2 jun. 2016.

WEFFORT, Francisco. *O populismo na política brasileira*. Rio de Janeiro: Paz e Terra, 1978.

WEINSTEIN, Barbara. "Mulheres trabalhadoras em São Paulo". *Cadernos Pagu*, 4, 1995, pp. 144-71.

GRÁFICA PAYM
Tel. [11] 4392-3344
paym@graficapaym.com.br